7–9 Physik, Chemie
Biologie

NA
TECH
TOOLBOX

Naturwissenschaftliche
Denk-, Arbeits- und Handlungsweisen

LMVZ

Inhaltliche Projektleitung
Susanne Metzger (PH FHNW, PH Zürich)

Autorinnen und Autoren
Maja Brückmann
Simon Engel
Patrick Kunz
Lorenz Möschler
Livia Murer
Felix Weidele

Projektleitung LMVZ
Alexandra Korpiun
Daniela Rauthe
Nicholas Ditzler
Natalie Peyer
Beat Wolfensberger

Expertinnen und Experten
Rahel Arpagaus
Mario Hartmann
Philipp Herren
Simone Studer

Rechteabklärungen
Thomas Altnöder

Gestaltung
icona basel

Fotografie Umschlag
icona basel, Christoph Gysin

Illustrationen
bildN:
Anne Seeger
Kerstin Staub
Andrea Ulrich

© 2019 Lehrmittelverlag Zürich
1. Auflage 2019
In der Schweiz klimaneutral gedruckt auf FSC-Recyclingpapier
ISBN 978-3-03713-822-9

www.lmvz.ch
Digitale Lehrmittelteile: digital.lmvz.ch

Das Werk und seine Teile sind urheberrechtlich geschützt.
Nachdruck, Vervielfältigung oder Verbreitung
jeder Art – auch auszugsweise – nur mit vorheriger
schriftlicher Genehmigung des Verlags.

Koordination mit der Interkantonalen Lehrmittelzentrale

Inhalt

Der Experimentierprozess

TB 1	Der Experimentierprozess	4–5
TB 2	Fragen	6–7
TB 3	Vermuten	8–9
TB 4	Planen	10–11

Durchführen

TB 5	Betrachten und beobachten	12–13
TB 6	Mikroskopieren	14–15
TB 7	Vergleichen	16–17
TB 8	Zusammenhänge untersuchen	18–19
TB 9	Messen I: Weg, Zeit, Masse, Temperatur	20–21
TB 10	Messen II: Spannung und Stromstärke	22–23
TB 11	Messwiederholungen	24–25

Darstellen

TB 12	Eine Tabelle erstellen	26–27
TB 13	Ein Diagramm erstellen	28–31
TB 14	Eine naturwissenschaftliche Zeichnung erstellen	32–33
TB 15	Ein Protokoll anfertigen	34–35
TB 16	Auswerten	36–37

Berichten

TB 17	Einen Erklärfilm produzieren	38–39
TB 18	Schriftlich präsentieren	40–41
TB 19	Mündlich präsentieren	42–43
TB 20	Weiterdenken	44–45

Informationen erschliessen

TB 21	Informationen finden	46–47
TB 22	Im Internet recherchieren	48–49
TB 23	Einen Text lesen	50–51
TB 24	Ein Diagramm lesen	52–53

Mit Modellen arbeiten

TB 25	Modelle nutzen	54–55
TB 26	Systematisch ordnen	56–57
TB 27	Zusammenhänge darstellen	58–59

Zum Nachschlagen

TB 28	Sicherheitshinweise: GHS-Symbole	60–61
TB 29	Laborgeräte	62–63
TB 30	Das Periodensystem der Elemente (PSE)	64–65
TB 31	Grössen und Einheiten	66–67
TB 32	Grössenordnungen I	68–71
TB 33	Grössenordnungen II	72–73
TB 34	Elektrische Schaltsymbole und Schaltpläne	74–75

Quellennachweis ... 76

Der Experimentierprozess

Beim Experimentieren sind oft viele Schritte nötig, um etwas Neues herauszufinden oder eine Frage zu beantworten. Nicht immer sind alle diese Schritte notwendig. Manchmal müssen einzelne Schritte auch wiederholt werden.

Das tust du bei den einzelnen Schritten

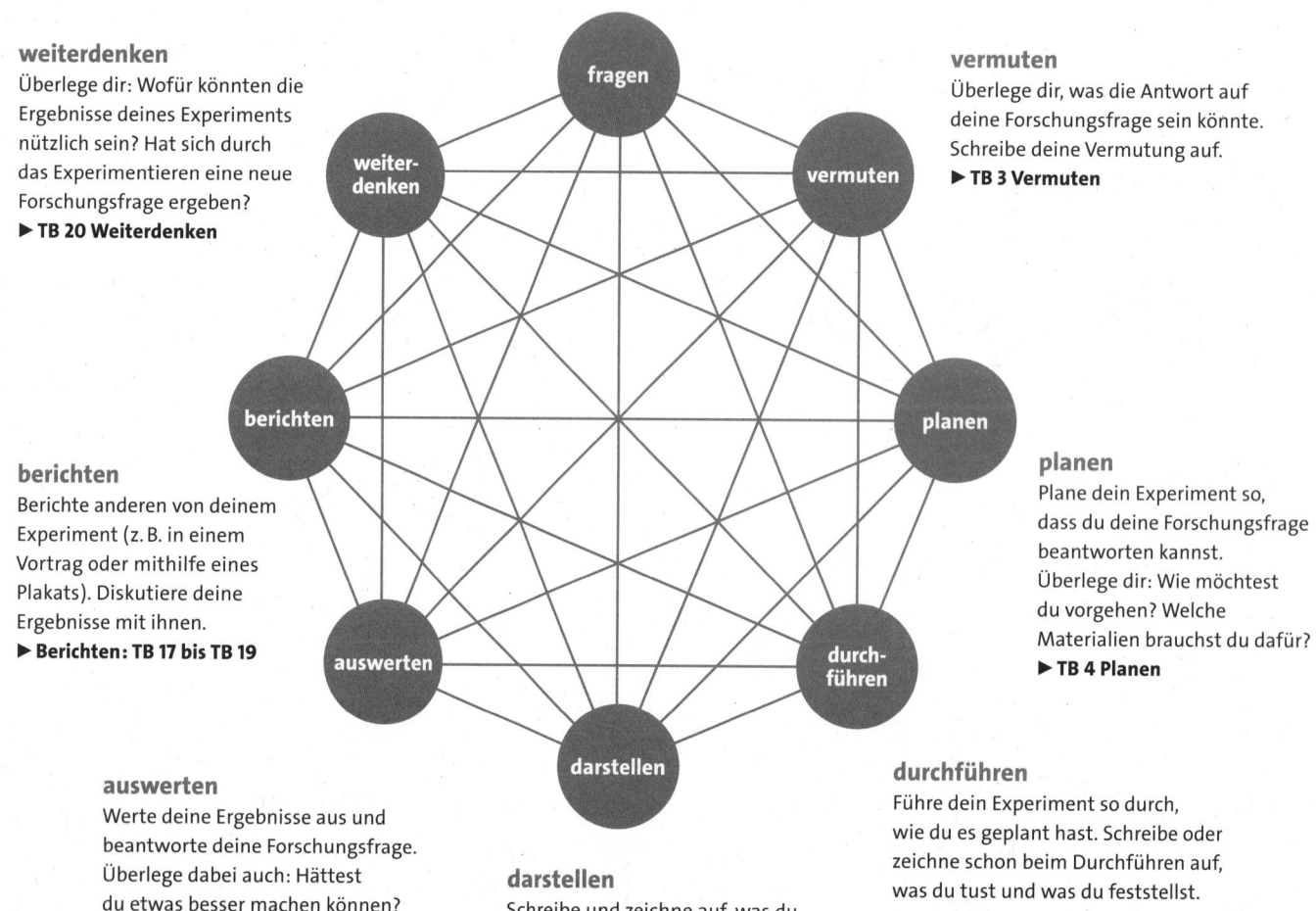

fragen
Formuliere eine Forschungsfrage. Es ist wichtig, dass du deine Frage durch ein Experiment beantworten kannst.
▶ TB 2 Fragen

weiterdenken
Überlege dir: Wofür könnten die Ergebnisse deines Experiments nützlich sein? Hat sich durch das Experimentieren eine neue Forschungsfrage ergeben?
▶ TB 20 Weiterdenken

vermuten
Überlege dir, was die Antwort auf deine Forschungsfrage sein könnte. Schreibe deine Vermutung auf.
▶ TB 3 Vermuten

berichten
Berichte anderen von deinem Experiment (z. B. in einem Vortrag oder mithilfe eines Plakats). Diskutiere deine Ergebnisse mit ihnen.
▶ Berichten: TB 17 bis TB 19

planen
Plane dein Experiment so, dass du deine Forschungsfrage beantworten kannst. Überlege dir: Wie möchtest du vorgehen? Welche Materialien brauchst du dafür?
▶ TB 4 Planen

auswerten
Werte deine Ergebnisse aus und beantworte deine Forschungsfrage. Überlege dabei auch: Hättest du etwas besser machen können?
▶ TB 16 Auswerten

darstellen
Schreibe und zeichne auf, was du herausgefunden hast. Es ist wichtig, dass auch jemand anderes verstehen kann, was du gemacht hast und welche Ergebnisse du erhalten hast.
▶ Darstellen: TB 12 bis TB 15

durchführen
Führe dein Experiment so durch, wie du es geplant hast. Schreibe oder zeichne schon beim Durchführen auf, was du tust und was du feststellst.
▶ Durchführen: TB 5 bis TB 11

DER EXPERIMENTIERPROZESS

Dein Experiment

Schreibe zu einem Experiment, das du durchführst, die Schritte des Experimentierprozesses auf.

TB 2 — DER EXPERIMENTIERPROZESS: FRAGEN

Fragen

Oft ist eine Forschungsfrage der Ausgangspunkt für ein Experiment. Aber nicht jede Frage ist eine gute Forschungsfrage.

Was ist eine gute Forschungsfrage?
1. Eine gute Forschungsfrage muss eindeutig formuliert sein. Sie enthält
   ... die Variable, die im Experiment verändert werden kann,
   ... den Vorgang, der untersucht wird,
   ... das Objekt, das untersucht wird.
2. Eine gute Forschungsfrage kannst du durch ein Experiment beantworten.
3. Eine gute Forschungsfrage fängt nicht mit «Warum» oder «Wieso» an.
4. Eine gute Forschungsfrage kannst du beantworten, ohne dass es gefährlich wird oder etwas kaputtgeht.

Damit eine Forschungsfrage gut ist, müssen alle vier Bedingungen erfüllt sein.

> **Gut zu wissen**
>
> Alles, was bei einem Experiment einen Einfluss haben könnte, wird in den Naturwissenschaften **Variable** genannt.

Beispiel: Können Bohnensamen ohne Wasser keimen?

Das ist eine gute Forschungsfrage, denn:
1. Die Forschungsfrage ist eindeutig formuliert. Sie enthält die Variable (Wassermenge: mit/ohne Wasser), den Vorgang (keimen) und das Objekt (Bohnensamen).
2. Die Forschungsfrage kann mit folgendem Experiment beantwortet werden:
   Man gibt Bohnensamen in zwei Schälchen mit Erde. Das eine wird mit Wasser feucht gehalten, das andere nicht. So kann gezeigt werden, dass Bohnensamen mit Wasser keimen, ohne Wasser aber nicht.
3. Die Forschungsfrage fängt nicht mit «Warum» oder «Wieso» an.
4. Die Forschungsfrage lässt sich beantworten, ohne dass es gefährlich wird oder etwas kaputtgeht.

Beispiel: Löst sich eine Brausetablette schneller in Eiswasser oder in heissem Wasser auf?

Das ist eine gute Forschungsfrage, denn:
1. Die Forschungsfrage ist eindeutig formuliert. Sie enthält die Variable (Wassertemperatur: kalt/heiss), den Vorgang (auflösen) und das Objekt (Brausetablette).
2. Die Forschungsfrage kann mit folgendem Experiment beantwortet werden:
   Man gibt in einen Becher Eiswasser und in einen anderen Becher gleich viel heisses Wasser. Dann gibt man in jeden Becher eine Brausetablette und beobachtet, in welchem Becher sie zuerst vollständig aufgelöst ist.
3. Die Forschungsfrage fängt nicht mit «Warum» oder «Wieso» an.
4. Die Forschungsfrage lässt sich beantworten, ohne dass es gefährlich wird oder etwas kaputtgeht.

TB 2 — DER EXPERIMENTIERPROZESS: FRAGEN

✏️ **Forschungsfragen bewerten**

a Kontrolliere mithilfe der vier Bedingungen auf der linken Seite, ob die Forschungsfragen A und B gute Forschungsfragen sind:
Forschungsfrage A: Warum wächst Kresse ohne Wasser nicht?
Forschungsfrage B: Luca lässt fünf verschiedene Bälle aus der gleichen Höhe fallen (Bild). Springen alle Bälle wieder gleich hoch zurück?

b Formuliere eigene Forschungsfragen und kontrolliere, ob es gute Forschungsfragen sind.

TB 3 DER EXPERIMENTIERPROZESS: VERMUTEN

Vermuten

Du kannst ein Experiment besser planen, wenn du vorher Vermutungen zu deiner Forschungsfrage anstellst. Vermuten heisst: Du formulierst eine mögliche Antwort auf die Forschungsfrage. Im Folgenden lernst du, wie du eine gute Vermutung formulieren kannst.

Wie formulierst du eine Vermutung?
Für Vermutungen eignen sich oft die folgenden Formulierungen:
— Je..., desto...
— Wenn..., dann...

⚑ **Gut zu wissen**

In der Wissenschaft werden Vermutungen Hypothesen genannt.

Beispiele für Vermutungen
Deine Forschungsfrage lautet: Springt ein Ball auf verschieden harten Böden gleich hoch? Um das herauszufinden, kannst du einen Gummiball auf verschiedene Böden fallen lassen: Zum Beispiel auf Sand, auf Erde, auf den Turnhallenboden und auf einen Betonboden.

Zu dieser Forschungsfrage sind verschiedene Vermutungen möglich:
— Je härter der Boden ist, desto höher springt der Ball.
— Wenn der Boden weich ist, dann springt der Ball nicht so hoch.
— Der Ball springt auf allen Böden gleich hoch.

Eine Vermutung musst du begründen können
Eine gute Vermutung hast du sorgfältig überlegt. Du kannst die Vermutung begründen. Begründen heisst: Du erklärst kurz, warum du diese Vermutung hast.

Damit eine Begründung gut ist, sollte sie
— einleuchtend,
— für andere verständlich,
— nicht zufällig sein.

Beispiele für gute Begründungen
— «Ich habe schon oft beobachtet, dass...»
  Begründe deine Vermutung mit etwas, was du aus dem Alltag kennst.
— «Ich habe gelesen, dass...»
  Begründe deine Vermutung mit einer Information, die du in einem Buch oder auf einer vertrauenswürdigen Internetseite gelesen hast.
— «In einem Dokumentarfilm habe ich gesehen, dass...»
  Begründe deine Vermutung mit einer Information, die du in einem fachlich korrekten Film im Fernsehen oder im Internet gesehen hast.

Beispiele für schlechte Begründungen
— «Mein Bauchgefühl sagt mir, dass...»
  Das stimmt nur für dich. Andere haben wahrscheinlich ein anderes Bauchgefühl.
— «Weil die Münze auf dem Kopf gelandet ist,...»
  Das ist zufällig und kann deshalb keine gute Begründung sein.
— «Meine Freundin sagt, dass...»
  Die Meinung anderer ist subjektiv. Du kannst nicht wissen, ob sie recht hat.

TB 3

DER EXPERIMENTIERPROZESS: VERMUTEN

✏ Deine eigene Forschungsfrage

a Schreibe eine eigene Forschungsfrage auf. Denke an ein Experiment, das du selbst durchgeführt hast. Falls du nicht mehr sicher bist, wie man eine Forschungsfrage formuliert, schau nach unter ▶ **TB 2 Fragen**.

Deine eigene Vermutung

b Schreibe deine Vermutung zu deiner Forschungsfrage auf.

Begründung für deine Vermutung

c Schreibe eine gute Begründung zu deiner Vermutung auf.

TB 4   DER EXPERIMENTIERPROZESS: PLANEN

Planen

Beim Experimentieren untersuchst du sehr genau ganz bestimmte Eigenschaften oder das Verhalten von Gegenständen, Stoffen oder Lebewesen. Dafür musst du gut planen.

So planst du dein Experiment

1. Formuliere deine Forschungsfrage (▶ **TB 2 Fragen**).
   Oder beschreibe das Problem, das du genauer untersuchen willst.

2. Überlege: Wie könnte dein Experiment ausgehen? Diskutiere deine Idee mit anderen. Schreibe deine Vermutung auf (▶**TB 3 Vermuten**).

3. Damit du sorgfältig und sicher experimentieren kannst, brauchst du vorher bestimmte Informationen. Beantworte dafür die folgenden Checkfragen:
   - Was genau möchtest du messen? Was willst du beobachten?
   - Wie ist dein Experiment aufgebaut?
     Fertige eine Skizze von deinem Versuchsaufbau an.
   - Welches Material brauchst du für dein Experiment?
     Erstelle eine Materialliste.
   - Welche Sicherheitsmassnahmen gilt es zu beachten?
     Schreibe auf, welche Gefahrenquellen es gibt und wie du dich um Sicherheitsmassnahmen kümmerst.
   - Wo kann ich Hilfe holen?
     Überlege dir, wo du Hilfe bekommst, wenn du nicht weiterweisst oder ein Problem auftaucht.

4. Bereite ein Versuchsprotokoll vor, in dem du alle wichtigen Ideen, Beobachtungen und Ergebnisse aufschreiben kannst. Überlege dir, wie du deine Beobachtungen und Ergebnisse am besten darstellen kannst. Du kannst
   … einen Text schreiben,
   … eine Liste erstellen,
   … in einer Tabelle wichtige Zahlen und Werte aufnehmen,
   … ein Diagramm zeichnen,
   … eine Zeichnung anfertigen,
   … einen Film aufnehmen.

5. Zur Planung deines Experiments gehört auch die Überlegung, welche Fehler passieren können.
   - Schreibe mögliche Fehlerquellen auf. Überlege auch, wie du diese Fehlerquellen vermeiden könntest.
   - Schreibe auf, ob es sinnvoll ist, das Experiment mehrmals durchzuführen.

TB 4 — DER EXPERIMENTIERPROZESS: PLANEN

✏️ Deine eigene Planung
Schreibe die Planung zu einem Experiment auf, das du durchführen wirst.

TB 5   DER EXPERIMENTIERPROZESS: DURCHFÜHREN

Betrachten und beobachten

Beim Betrachten und Beobachten geht es um genaues Wahrnehmen mit allen Sinnen. Konzentriere dich auf das, was du tatsächlich wahrnimmst. Beim Betrachten und Beobachten sollst du nicht bereits vermuten oder erklären. Wahrscheinlich tauchen beim Betrachten und Beobachten Fragen auf. Diese gilt es mit ▶TB 16 **Auswerten** und ▶TB 20 **Weiterdenken** weiterzuverfolgen.

Betrachten: Dinge, die sich nicht bewegen

1. Schreibe auf, was dich am betrachteten Objekt besonders interessiert und welche Fragen du hast.

2. Beginne erst dann mit dem genauen Betrachten:
   Schau genau hin. Nimm dir Zeit dafür. Vielleicht hörst oder riechst du auch etwas.

3. Beschreibe, was du wahrnimmst.
   a Achte zunächst auf das ganze Objekt:
      – Wie gross ist das Objekt insgesamt? Gib die Grösse in Millimetern, Zentimetern oder Metern an. Wenn das nicht möglich ist, gib die Grösse im Vergleich zu etwas anderem an (z. B.: Der Baum ist dreimal so hoch wie das Fussballtor).
      – Wie ist seine Gestalt? Wie ist es aufgebaut?
      – Wie ist seine Oberfläche beschaffen?
      – Gibt es eine vorherrschende Farbe?
   b Achte nun auf die Details:
      – Wie sind die einzelnen Teile gebaut?
      – Wie sind die Grössenverhältnisse der einzelnen Teile zueinander?
      – Welche Farben haben die einzelnen Teile?

4. Halte Wichtiges mit Zeichnungen fest. Falls du nicht sicher bist, wie wissenschaftliches Zeichnen geht, schau nach unter ▶TB 14 **Zeichnung erstellen**.

Beobachten: Dinge, die sich bewegen und verändern

1. Schreibe auf, was dich am beobachteten Sachverhalt besonders interessiert und welche Fragen du hast.

2. Beginne erst dann mit dem genauen Beobachten:
   Schau genau hin. Nimm dir Zeit dafür. Vielleicht hörst oder riechst du auch etwas.

3. Beschreibe, was passiert:
   – Was verändert sich?
   – Wie verändert es sich?
   – Wie rasch verändert es sich? Wie lange dauern die Veränderungen an?
   – Wenn du ein Lebewesen beobachtest:
     • Wo bewegt es sich (z. B. im Gebüsch, im Bach, im Boden)?
     • Beobachtest du auffallende, wiederkehrende Bewegungen?
     • Beobachtest du Lautäusserungen?

4. Führe ein Beobachtungsprotokoll. Schreibe darin zusätzlich zu den Checkfragen von oben bei jeder Beobachtung auch das Datum und die Uhrzeit auf.

TB 5
DER EXPERIMENTIERPROZESS: DURCHFÜHREN

✏️ Deine Betrachtung oder Beobachtung
Halte eine Betrachtung oder Beobachtung fest, die du selbst durchgeführt hast.

DER EXPERIMENTIERPROZESS: DURCHFÜHREN

Mikroskopieren

Das Mikroskop ist ein wichtiges Hilfsmittel der Naturwissenschaften. Denn der Aufbau von vielen Lebewesen und Stoffen ist so klein, dass man ihn mit blossem Auge nicht erkennen kann.

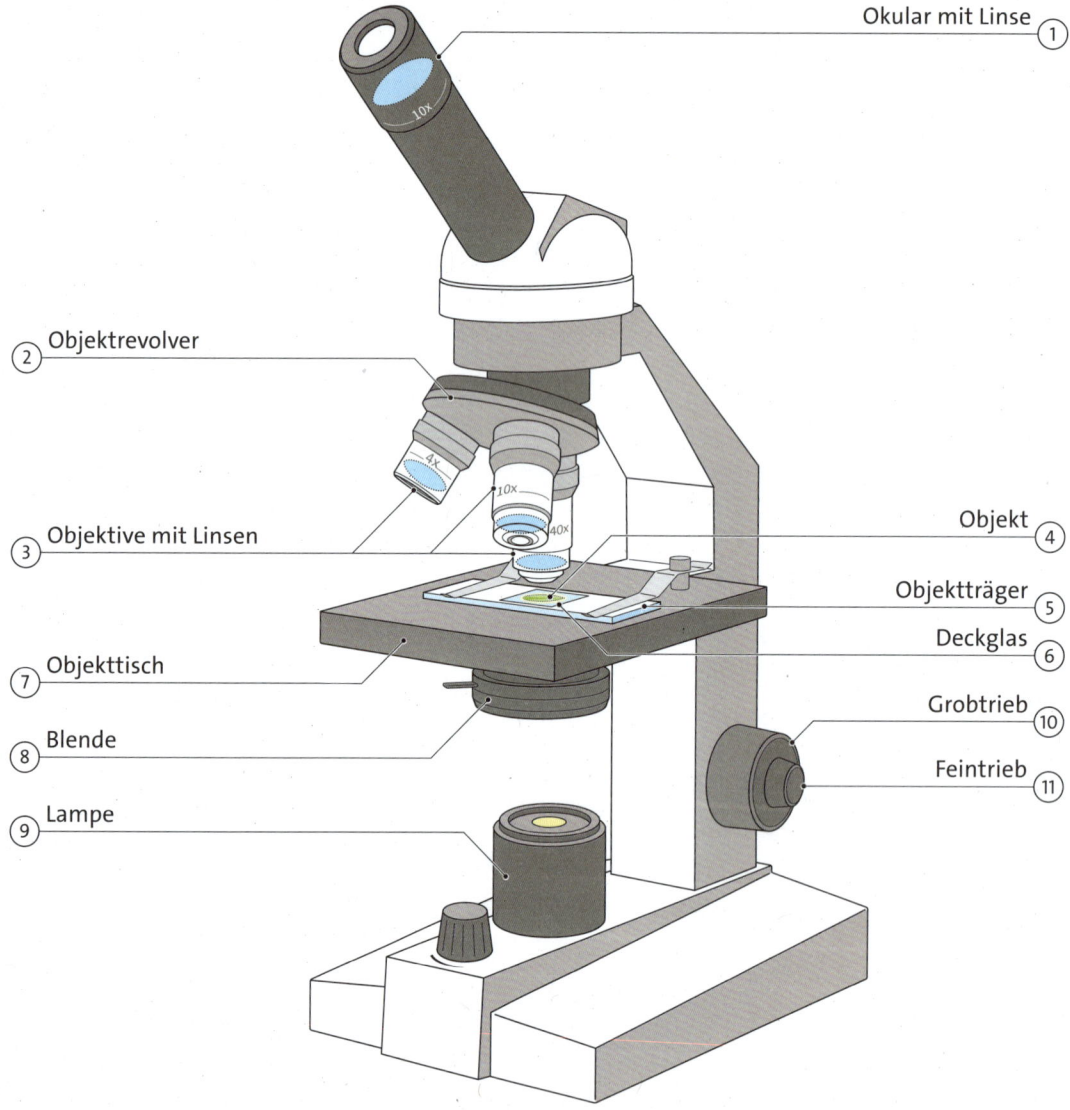

Das **Okular** (1) enthält eine Linse und vergrössert das Bild. Die Vergrösserung ist auf dem Okular angeschrieben.
Durch Drehen des **Objektivrevolvers** (2) kannst du ein Objektiv auswählen.
Die **Objektive** (3) enthalten ebenfalls Linsen und vergrössern das Bild. Die Vergrösserung ist auf jedem Objektiv angeschrieben.
Das **Objekt** (4) ist das, was du anschauen möchtest. Das Objekt liegt auf einem durchsichtigen **Objektträger** (5) und wird von einem kleinen, durchsichtigen **Deckglas** (6) abgedeckt.
Der Objektträger mit dem Objekt wird auf den **Objekttisch** (7) gelegt.
Mit der **Blende** (8) kannst du einstellen, wie stark dein Objekt von der **Lampe** (9) durchleuchtet werden soll.
Mit dem **Grobtrieb** (10) und mit dem **Feintrieb** (11) kannst du den Abstand zwischen Objektiv und Objekt verändern. So kannst du das Bild scharf stellen. Zuerst stellst du mit dem Grobtrieb so scharf wie möglich. Danach stellst du mit dem Feintrieb ganz scharf.

Einstellen des Mikroskops

Nachdem du das Mikroskop eingeschaltet hast, kannst du mit dem Einstellen beginnen:

1. Fahre mit dem Grobtrieb den Objekttisch ganz nach unten.

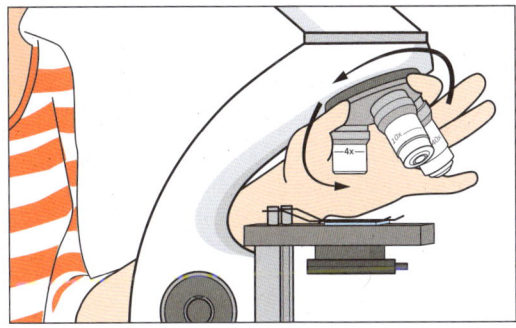

2. Stelle beim Objektrevolver die kleinste Vergrösserung ein.

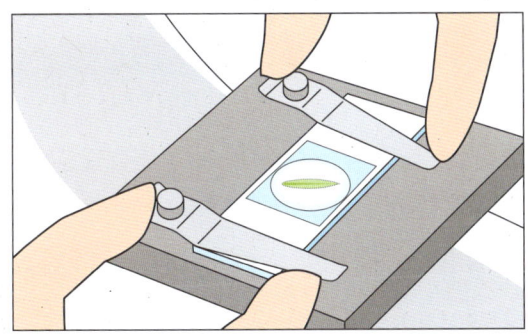

3. Lege den Objektträger mit dem Objekt auf den Objekttisch. Achte darauf, dass das Objekt genau über der Öffnung ist.

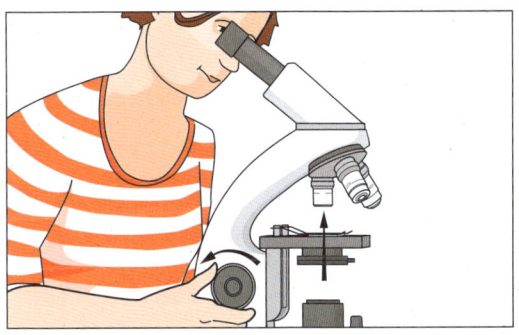

4. Schaue durch das Okular und fahre den Objekttisch mit dem Grobtrieb langsam hoch.

 Beachte

Kontrolliere immer wieder von der Seite, dass das Objektiv das Objekt nicht berührt!

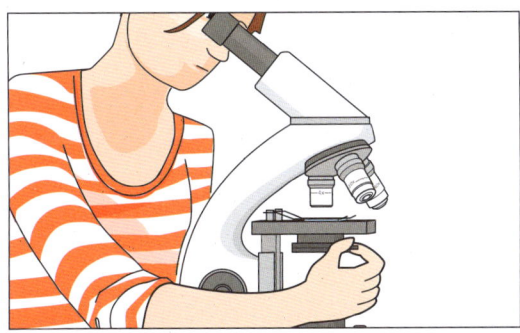

5. Schaue durch das Okular und kontrolliere mit der Blende die Helligkeit.

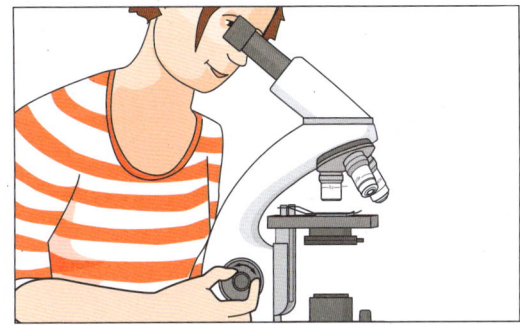

6. Schaue durch das Okular und stelle mit dem Feintrieb scharf.

Wenn du all diese Schritte durchlaufen hast, kannst du beim Objektivrevolver die nächste Vergrösserung einstellen. Dafür musst du den Objekttisch mit dem Grobtrieb wieder nach unten fahren. Und du musst immer darauf achten, dass das Objektiv das Objekt nicht berührt. Mit dem Feintrieb kannst du wieder scharf stellen.

TB 7 — DER EXPERIMENTIERPROZESS: DURCHFÜHREN

Vergleichen

Zwei oder mehr Gegenstände kannst du miteinander vergleichen. Wenn du vergleichst, kannst du Unterschiede, Gemeinsamkeiten oder eine Reihenfolge von diesen Gegenständen finden. Die Gegenstände, die du vergleichst, heissen **Vergleichsobjekte**. Vergleichsobjekte können auch Vorgänge oder Sachverhalte sein. Oft musst du dir überlegen, wie du deine Vergleichsobjekte vergleichen kannst.

Vergleichen setzt Gemeinsames voraus
Um Vergleichsobjekte vergleichen zu können, müssen sie mindestens ein gemeinsames Merkmal haben.

Beispiel: Töne und Fahrzeuge
Die Töne C und D sind vergleichbar, denn die beiden Töne haben das Merkmal «Tonhöhe» gemeinsam. Der Ton C ist tiefer als der Ton D. Auch zwei Fahrzeuge sind vergleichbar, denn sie haben zum Beispiel das Merkmal «Geschwindigkeit» gemeinsam. Der Sportwagen ist schneller als das Fahrrad. Aber ein Ton ist nicht mit einem Fahrzeug vergleichbar, denn diese beiden Objekte haben kein gemeinsames Merkmal.

Ein Vergleich muss fair sein
Damit ein Vergleich fair ist, musst du darauf achten, dass die Bedingungen bei den Vergleichsobjekten gleich sind.

Beispiel: Enthält ein Apfel oder eine Birne mehr Saft?
Wenn du untersuchen willst, ob ein Apfel oder eine Birne mehr Saft enthält, musst du darauf achten, dass du beim Apfel und bei der Birne die gleichen Bedingungen einhältst:
– Gleiches Vorgehen, um Saft zu gewinnen: Zum Beispiel kannst du beide Früchte zuerst mit einer Metallreibe fein reiben und dann durch ein Sieb drücken, um den Saft zu erhalten.
– Gleiches Messgerät: Um die Saftmenge zu bestimmen, musst du den Saft von Apfel und Birne entweder in zwei gleiche Messzylinder füllen oder denselben Messzylinder nacheinander verwenden.
– Gleiche Masse: Von beiden Früchten musst du die gleiche Masse nehmen. Du könntest auch das gleiche Volumen nehmen, aber das ist schwieriger zu messen.
– Gehäuse, Kerne und Schale: Du musst vor dem Abmessen entscheiden, ob du von Apfel und Birne einen Teil mit Gehäuse, Kernen und Schale verwendest oder ohne. Wichtig ist, dass du es bei beiden Früchten gleich machst.

TB 7
DER EXPERIMENTIERPROZESS: DURCHFÜHREN

Vergleiche selbst
Führe selbst einen fairen Vergleich durch. Schreibe deine Überlegungen und Ergebnisse auf.

Zum Beispiel kannst du folgenden Fragen nachgehen:
- Rollt eine Holzkugel, eine Metallkugel oder eine Murmel schneller eine schiefe Ebene hinunter?
- Welcher von drei Magneten ist der stärkste, welcher der schwächste?
- Enthalten Baumnüsse oder Erdnüsse mehr Öl?
- Was kann einer Kartoffel mehr Wasser entziehen: Zucker oder Salz?

Zusammenhänge untersuchen

Ob der Samen einer Pflanze gut keimt, hängt von verschiedenen Bedingungen ab. Zum Beispiel, ob Wasser vorhanden ist oder in welchem Boden der Samen steckt. Wie findet man aber heraus, welche Bedingung tatsächlich einen Einfluss auf die Keimung des Samens hat? Immer wenn du Zusammenhänge untersuchst, musst du dir die Frage stellen: Wie gehe ich vor, wenn verschiedene Ursachen einen Einfluss haben? Dazu helfen dir die folgenden Hinweise:

Nur etwas auf einmal verändern: Variablenkontrolle

Alles, was bei einem Experiment einen Einfluss haben könnte, heisst **Variable** (Beachte: In der Mathematik bedeutet Variable etwas anderes). Variablen können sich während des Experiments verändern, sie können zum Beispiel grösser oder kleiner werden. Bei einem Experiment darfst du jeweils nur eine der Variablen verändern. Wenn du zum Beispiel drei verschiedene Variablen untersuchen möchtest, musst du drei verschiedene Teilexperimente durchführen. Bei jedem der drei Teilexperimente veränderst du nur eine der Variablen. Die anderen Variablen müssen gleich bleiben.

Beispiel: Pendel

Du möchtest herausfinden, wovon die Schwingungsdauer eines Pendels (Bild) abhängt. Du musst dazu die folgenden drei Variablen untersuchen: die Masse des Pendels, die Länge der Pendelschnur und den Auslenkwinkel des Pendels beim Start. Du könntest deshalb folgende Teilexperimente planen:

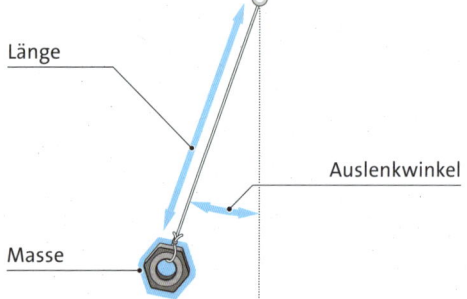

Teilexperiment 1: Masse des Pendels verändern

	Masse des Pendels	Länge der Pendelschnur	Auslenkwinkel des Pendels
1	5 g	10 cm	45°
2	10 g	10 cm	45°
3	20 g	10 cm	45°

Teilexperiment 2: Länge der Pendelschnur verändern

	Masse des Pendels	Länge der Pendelschnur	Auslenkwinkel des Pendels
1	10 g	10 cm	45°
2	10 g	20 cm	45°
3	10 g	30 cm	45°

Teilexperiment 3: Auslenkwinkel des Pendels verändern

	Masse des Pendels	Länge der Pendelschnur	Auslenkwinkel des Pendels
1	10 g	10 cm	15°
2	10 g	10 cm	45°
3	10 g	10 cm	60°

TB 8 — DER EXPERIMENTIERPROZESS: DURCHFÜHREN

In einem der Teilexperimente nichts verändern: Kontrollexperiment

Manchmal musst du deine Teilexperimente mit einem Experiment vergleichen, in dem du nichts verändert hast. Ein solches Experiment, in dem du alle Variablen unverändert lässt, heisst **Kontrollexperiment**.

Beispiel: Keimungsexperiment

Die Keimung von Pflanzen könnte durch vier Variablen beeinflusst werden: Licht, Erde, Wasser und Temperatur. Deshalb musst du vier verschiedene Teilexperimente durchführen. In jedem der vier Teilexperimente veränderst du eine der Variablen und lässt die anderen drei Variablen unverändert. Zum Beispiel hast du in einem Teilexperiment die Erde durch Watte ausgetauscht. Du hast beobachtet, dass die Samen auf Watte nur mittelmässig keimen. In einem Kontrollexperiment hast du Licht, Erde, Wasser und Temperatur unverändert belassen. Dieses Kontrollexperiment zeigt: Deine Samen keimen auch hier nur mittelmässig. Es lag also nicht an der fehlenden Erde.

Mehrmals messen: Messwiederholung

Wenn Experimente durchgeführt werden, können Ungenauigkeiten oder Fehler passieren. Wenn du eine Messung nur genau einmal durchführst, kann es sein, dass genau bei dieser einen Messung etwas schiefgelaufen ist, ohne dass du es gemerkt hast. Deshalb sollten Messungen wiederholt werden. Mehr dazu findest du in ▶TB 11 Messwiederholungen.

Einmal ist keinmal. Für ein genaues Ergebnis muss ich mehrmals messen.

Untersuche selbst Zusammenhänge

a   Überlege dir eine Forschungsfrage, mit der du einen Zusammenhang untersuchen kannst. Schreibe die Forschungsfrage auf.

b   Schreibe die Variablen auf, die den Zusammenhang beeinflussen können.

c   Schreibe die Teilexperimente auf, die du durchführen müsstest, um den Zusammenhang zu untersuchen.

DER EXPERIMENTIERPROZESS: DURCHFÜHREN

Messen I: Weg, Zeit, Masse, Temperatur

Weg, Zeit, Masse und Temperatur sind Basisgrössen. Mit diesen Basisgrössen kannst du viele weitere Grössen berechnen, zum Beispiel: Geschwindigkeit = $\frac{\text{Weg}}{\text{Zeit}}$ (▶ **TB 31 Grössen und Einheiten**).

Der Weg
Für den Weg werden verschiedene Formelzeichen verwendet. Je nachdem, was genau du messen willst, werden diese Formelzeichen verwendet: *s* (Weg, Strecke), *l* (Länge), *h* (Höhe), *r* (Radius), *d* (Durchmesser). Die Basis-Einheit eines Wegs ist der Meter (1 m). Weitere Einheiten für einen Weg sind: 1 Kilometer (1 km = 1000 m), 1 Dezimeter (1 dm = 0.1 m), 1 Zentimeter (1 cm = 0.01 m), 1 Millimeter (1 mm = 0.001 m), 1 Mikrometer (1 µm = 0.000001 m).

Messgeräte, um einen Weg zu messen:

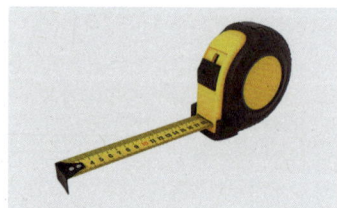
Massband

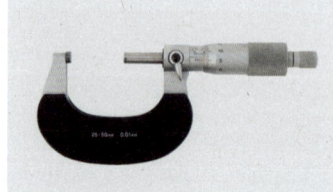
Messschraube

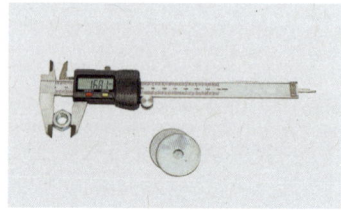
Messschieber

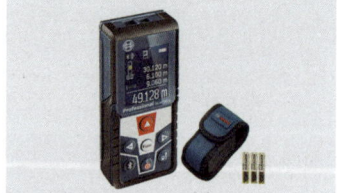
Laser-Entfernungsmesser

Doppelmeter

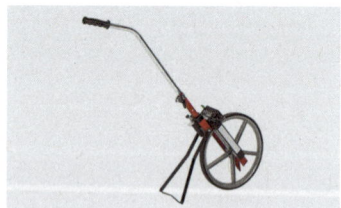
Messrad

Die Zeit
Für eine Zeit wird das Formelzeichen *t* verwendet. Das *t* steht für das lateinische Wort tempus (Zeit). Die Basis-Einheit der Zeit ist die Sekunde (1 s). Weitere Einheiten für die Zeit sind: 1 Millisekunde (1 ms = 0.001 s), 1 Minute (1 min = 60 s), 1 Stunde (1 h = 3600 s), ein Tag (1 d = 86 400 s).

Messgeräte, um eine Zeit zu messen:

Stoppuhr

Stoppuhr digital

Smartphone mit Stoppuhr-App

Armbanduhr · Sanduhr · Sonnenuhr

Die Masse

Für eine Masse wird das Formelzeichen *m* verwendet. Die Basis-Einheit der Masse ist das Kilogramm (1 kg). Weitere Einheiten für eine Masse sind: 1 Gramm (1 g = 0.001 kg), 1 Milligramm (1 mg = 0.000001 kg), 1 Tonne (1 t = 1000 kg).

Messgeräte, um eine Masse zu messen:

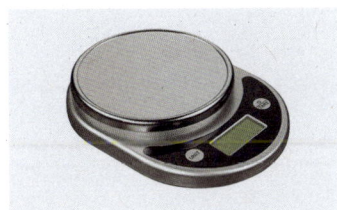  

Küchenwaage   Balkenwaage   Federwaage

Taschenwaage   Präzisionswaage

Die Temperatur

Für die Temperatur wird das Formelzeichen *T* verwendet. Die Basis-Einheit der Temperatur ist das Kelvin (1 K). In Europa verwenden wir die Einheit Grad Celsius (1 °C). Die Einheit Kelvin wird nur in der Wissenschaft verwendet, im Alltag kommt sie nicht vor. Der absolute Tiefpunkt der Temperatur ist 0 K (= −273.15 °C). Das heisst: Nichts kann kälter als 0 K sein.

Messgeräte, um eine Temperatur zu messen:

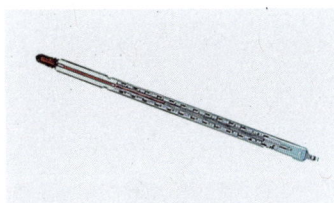  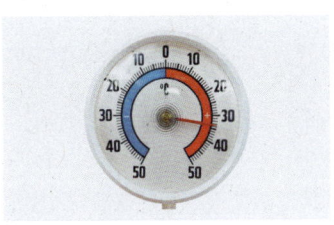

Flüssigkeitsthermometer   Digitalthermometer   Bimetallthermometer

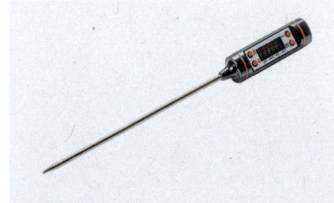  

Thermofühler   Thermobildkamera   Galileo-Thermometer

Messen II: Spannung und Stromstärke

Mit einem Multimeter kannst du die Spannung (Formelzeichen U, Einheit V), die Stromstärke (Formelzeichen I, Einheit A) und den Widerstand (Formelzeichen R, Einheit Ω) messen. Das Multimeter wird auch Vielfachmessgerät genannt.

Wenn du die Spannung oder die Stromstärke messen möchtest, musst du einige Punkte beachten. Die Abbildung und die beiden Checklisten helfen dir dabei.

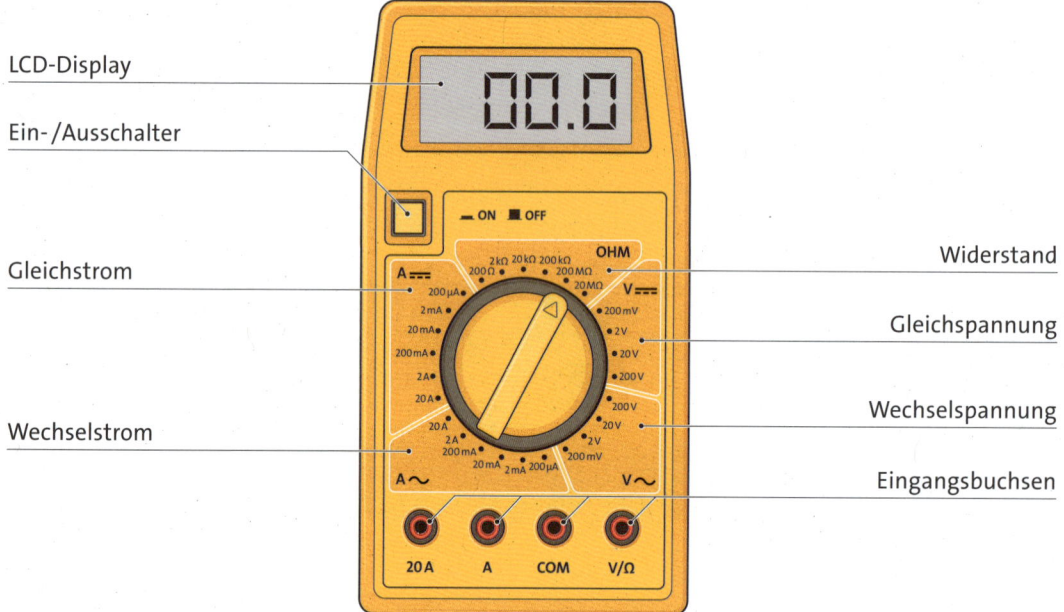

Checkliste: Spannung messen

1. Stelle den richtigen Messbereich ein:
   – Hast du eine Gleichspannungsquelle (Zeichen: –, gerader Strich) wie zum Beispiel eine Batterie? Dann wähle den Messbereich mit V ⎓.
   Oder hast du eine Wechselspannungsquelle (Zeichen: ~, Wellenlinie), wie du es zum Beispiel bei den Spannungsquellen aus der Schulsammlung einstellen kannst? Dann wähle den Messbereich V~.
   – Drehe den Schalter auf den grössten Messbereich (im Bild 200 V, manchmal auch nur mit 200 angeschrieben).

2. Stecke die Kabel in die richtigen Anschlüsse des Messgeräts:
   Das eine Kabel kommt in den Anschluss COM, das andere Kabel in den Anschluss V.

3. Verbinde die Kabel des Messgeräts richtig mit dem Stromkreis:
   Die Spannung wird parallel zur Spannungsquelle oder zu einer Lampe gemessen (Bild 1). Setze das Messgerät parallel in deine Schaltung ein.

   Tipp Beim Messen der Spannung brauchst du immer zwei zusätzliche Kabel.

4. Schalte erst jetzt die Spannungsquelle ein.

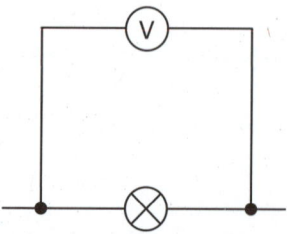

Bild 1 Ein Spannungsmessgerät wird parallel zur Lampe geschaltet.

Checkliste: Stromstärke messen

1. Stelle den richtigen Messbereich ein:
   - Liefert deine Stromquelle Gleichstrom (Zeichen: –, gerader Strich) wie zum Beispiel eine Batterie? Dann wähle den Messbereich mit A ⎓.
   Oder liefert deine Stromquelle Wechselstrom (Zeichen: ~, Wellenlinie), wie du es zum Beispiel bei den Stromquellen aus der Schulsammlung einstellen kannst? Dann wähle den Messbereich A~.
   - Drehe den Schalter auf den grössten Messbereich (20 A, manchmal auch nur mit 20 angeschrieben).

2. Stecke die Kabel in die richtigen Anschlüsse des Messgeräts:
   Das eine Kabel kommt in den Anschluss COM, das andere Kabel in den Anschluss 20 A.

3. Verbinde die Kabel des Messgeräts richtig mit dem Stromkreis:
   Die Stromstärke wird in Serie gemessen (Bild 2). Setze das Messgerät in Serie in deine Schaltung ein.

   Tipp Beim Messen der Stromstärke brauchst du nur ein zusätzliches Kabel.

   Bild 2 Ein Strommessgerät wird in Serie zur Lampe geschaltet.

4. Schalte erst jetzt die Stromquelle ein.

Klappt die Messung nicht?
Falls du auf der Anzeige nichts ablesen kannst, kontrolliere:
- Sind alle Kabel richtig verbunden?
- Ist die Stromquelle eingeschaltet, sodass zum Beispiel die Lampe leuchtet?
- Es kann auch sein, dass der Messbereich zu gross ist. Drehe den Schalter auf den nächstkleineren Messbereich. Wenn du vom Messbereich 20 A zu 2 A wechselst, musst du auch das Kabel von 20 A in A umstecken.

Falls du einen negativen Wert auf der Anzeige siehst: Vertausche die beiden Kabel am Messgerät.

Messwiederholungen

Beim Messen einer Zeit, eines Wegs, einer Temperatur oder anderer Grössen können immer wieder Ungenauigkeiten auftreten. Um einen möglichst genauen Messwert zu erhalten, werden Messwiederholungen durchgeführt. Bei einer Messwiederholung führst du die gleiche Messung mehrmals durch und schreibst alle Ergebnisse auf.

Streichresultate
Manchmal weichen einzelne Messwerte stark von den restlichen Messwerten ab. Ein einzelner so stark abweichender Wert wird auch Ausreisser genannt. Es ist sinnvoll, Ausreisser zu streichen.

Der «genauste» Wert ist der Mittelwert
Auch die Werte ohne Ausreisser sind nicht alle gleich. Manchmal wurde wahrscheinlich ein zu grosser, manchmal ein zu kleiner Wert gemessen. Deshalb ist es sinnvoll, einen Mittelwert zu bestimmen. Ein Mittelwert ist das arithmetische Mittel. Das arithmetische Mittel berechnest du mit allen Messungen ohne Ausreisser:

$$\text{Mittelwert} = \frac{\text{Summe aller berücksichtigten Messungen}}{\text{Anzahl der berücksichtigten Messungen}}$$

Gut zu wissen

Die mathematische Bezeichnung für diesen Mittelwert ist arithmetisches Mittel. Das arithmetische Mittel wird auch Durchschnitt genannt.

Allgemein gilt: Je mehr Messungen durchgeführt werden, desto genauer ist das Schlussergebnis. Denn die Messungenauigkeiten der einzelnen Messungen spielen dann keine so grosse Rolle mehr.

Beispiel für eine Messwiederholung
Luca untersucht die folgende Forschungsfrage: Wie lange braucht eine Brausetablette, bis sie in einem Deziliter Wasser aufgelöst ist? Dazu stoppt Luca mehrmals die Zeit, die zum Auflösen einer Tablette nötig ist. Die Ergebnisse hält Luca in einer Tabelle fest:

	Auflösezeit
1. Messung (Zeit 1)	49.3 s
2. Messung (Zeit 2)	47.5 s
3. Messung (Zeit 3)	48.6 s
4. Messung (Zeit 4)	27.2 s
5. Messung (Zeit 5)	46.1 s
6. Messung (Zeit 6)	46.4 s

Die Zeiten der verschiedenen Messungen sind unterschiedlich. Für Messungenauigkeiten kann es verschiedene Gründe geben. Zum Beispiel:
— Beim Hineinwerfen der Brausetablette ins Wasser wurde nicht sofort mit dem Messen der Zeit gestartet.
— Die Messung wurde nicht sofort gestoppt, als sich die Tablette ganz aufgelöst hatte.
— Nicht jede Brausetablette löst sich genau gleich schnell auf.

DER EXPERIMENTIERPROZESS: DURCHFÜHREN

Der Wert der 4. Messung weicht stark von den restlichen Werten ab. Wahrscheinlich ist hier beim Messen der Zeit ein Fehler unterlaufen. Deshalb muss der Wert der 4. Messung gestrichen werden. Mit den anderen Werten kann weitergearbeitet werden.

Manchmal hat Luca wahrscheinlich eine zu lange, manchmal eine zu kurze Zeit gemessen. Oder nicht jede Brausetablette löst sich genau gleich schnell auf. Der Mittelwert für die Auflösezeit einer Brausetablette ist:

$$\frac{(49.3\,s + 47.5\,s + 48.6\,s + 46.1\,s + 46.4\,s)}{5} = \frac{237.9\,s}{5} = 47.6\,s$$

✏ Deine eigenen Messungen

Führe eigene Messungen durch. Schliesse Ausreisser aus und berechne von den restlichen Messwerten den Mittelwert.

Eine Tabelle erstellen

TB 12 — DER EXPERIMENTIERPROZESS: DARSTELLEN

In Tabellen lassen sich Informationen oft übersichtlicher darstellen als in langen Texten.

Wie ist eine Tabelle aufgebaut?

Eine Tabelle ist aus Zellen, Spalten und Zeilen aufgebaut. Eine **Zelle** ist ein einzelnes Feld (Bild 1). Eine **Spalte** sind alle Zellen der Tabelle, die in einer Reihe untereinander stehen (Bild 2). Eine **Zeile** sind alle Zellen der Tabelle, die in einer Reihe nebeneinander stehen (Bild 3).

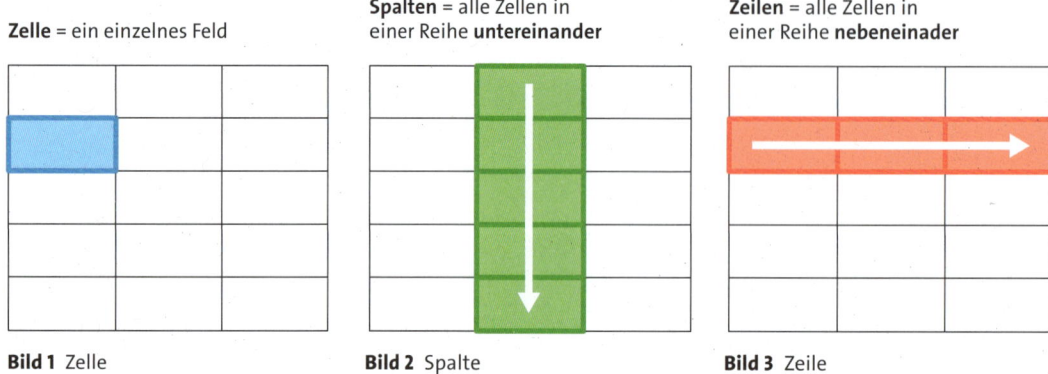

Bild 1 Zelle **Bild 2** Spalte **Bild 3** Zeile

Wann eignet sich eine Tabelle?

Eine Tabelle eignet sich bei Vergleichen und Aufzählungen. Zum Beispiel:
- Bau und Funktion der verschiedenen Arten von Blutgefässen,
- Merkmale von Energieformen,
- Eigenschaften von unterschiedlichen Stoffen.

Auch bei Messungen eignen sich Tabellen zum Aufschreiben der Ergebnisse. Zum Beispiel:
- Tabellen von der Veränderung der Temperatur von Wasser im Wasserkocher,
- Tabellen vom zurückgelegten Weg eines Fahrzeugs im Lauf der Zeit.

Beispiel: Vergleich von drei Merkmalen bei zwei Pflanzen

	Pflanze 1	Pflanze 2
Merkmal 1		
Merkmal 2		
Merkmal 3		

Beispiel: Messwerte in einer Zeit-Weg-Tabelle

Zeit t in s	0	1	2	3	4	5	6
Weg s in m	0	2.5	5	10	20	30	40

Worauf musst du achten, wenn du eine Tabelle erstellst?

Bevor du beginnst: Überlege dir, was in die Spalten und was in die Zeilen kommt.

Tipp Oft ist es hilfreich, eine Idee rasch mit Bleistift auf ein Blatt zu skizzieren.

TB 12

DER EXPERIMENTIERPROZESS: DARSTELLEN

Deine eigenen Tabellen

a Stelle in einer Tabelle die Gemeinsamkeiten und Unterschiede eines Rennvelos und eines Mountainbikes dar.

b Stelle die Ergebnisse einer Messung, die du durchgeführt hast, in einer Tabelle dar.

Ein Diagramm erstellen

Häufig lässt sich der Zusammenhang zwischen zwei Grössen gut mit einem Diagramm darstellen. Diagramme kannst du von Hand oder mithilfe eines Programms erstellen. Es gibt verschiedene Diagramme, zum Beispiel Säulendiagramme (Bild 1), Kreisdiagramme (Bild 2) oder Punktdiagramme (Bild 3).

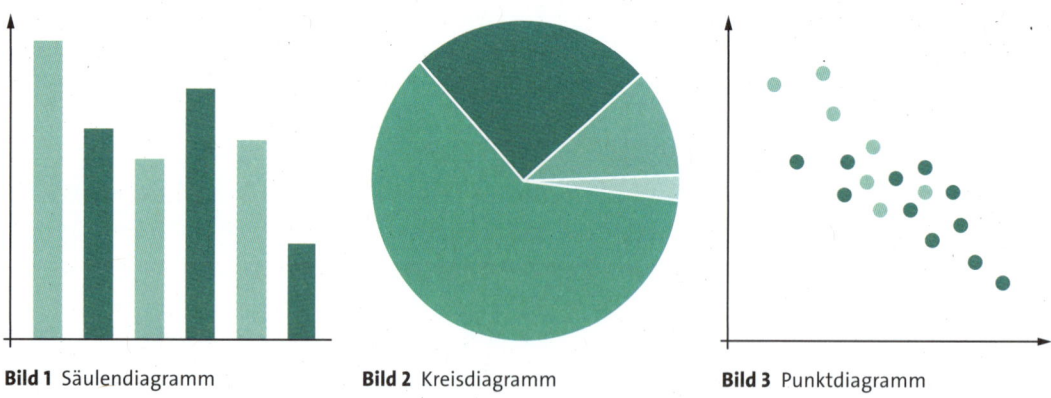

Bild 1 Säulendiagramm   **Bild 2** Kreisdiagramm   **Bild 3** Punktdiagramm

Punktdiagramme von Hand erstellen
Ein Punktdiagramm hilft, Werte aus einer Tabelle anschaulich darzustellen.

Beispiel: Fliessgeschwindigkeit eines Bachs
Emma und Luca möchten bestimmen, wie schnell ein Bach fliesst. Sie haben die folgenden Werte gemessen und protokolliert:

Zeit t in s	0	10	20	30	40	50
Weg s in m	0	2.4	6.1	7.8	9.3	12.7

Für ein Punktdiagramm zeichnest du im ersten Schritt zwei Achsen, die sich rechtwinklig schneiden. Beschrifte die Achsen mit den entsprechenden Grössen. Vergiss nicht, die Einheiten anzugeben. Beschrifte die Achsen in regelmässigen Abständen sinnvoll mit Zahlen. Überlege dafür: Welche Abstände willst du verwenden, damit die Werte der Tabelle in dein Diagramm passen?

Im nächsten Schritt kannst du die Messwerte der Tabelle in das Diagramm übertragen.

TB 13 — DER EXPERIMENTIERPROZESS: DARSTELLEN

Beispiel: Fliessgeschwindigkeit eines Bachs

Emma und Luca haben die waagrechte x-Achse mit «Zeit t in s» und die senkrechte y-Achse mit «Weg s in m» beschriftet. Für das Beschriften mit Zahlen sind bei der x-Achse 10er-Schritte und bei der y-Achse 2er-Schritte sinnvoll (Bild 4). Anschliessend haben Emma und Luca die Messwerte der Tabelle in das Diagramm übertragen (Bild 5).

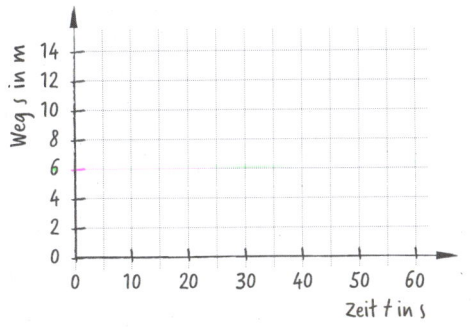

Bild 4 Zeichnen und Beschriften der Achsen **Bild 5** Messwerte

Bei manchen Messungen ist es sinnvoll, eine Trendgerade durch die Messwerte zu legen. Eine **Trendgerade** ist eine Linie, die den Trend der Messwerte angibt, sie ist also so etwas Ähnliches wie ein Mittelwert. Es gibt etwa gleich viele Messwerte, die unter und über der Trendgeraden liegen. Messwerte können auch genau auf der Trendgeraden liegen. Durch Zeichnen einer Trendgeraden kannst du Vorhersagen zu weiteren möglichen Messpunkten machen, indem du die Punkte im Diagramm abliest. Nicht immer können die eingetragenen Messwerte durch eine Gerade verbunden werden. Manchmal liegen die Messwerte auch auf einer Kurve.

Beispiel: Fliessgeschwindigkeit eines Bachs

Emma und Luca haben eine Trendgerade eingezeichnet (Bild 6).

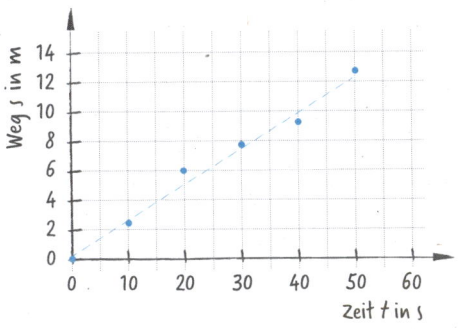

Bild 6 Messwerte und Trendgerade

Punktdiagramme digital erstellen

Mit Tabellenkalkulations-Programmen kannst du Diagramme digital erstellen. Dafür gibst du die Werte im Programm in eine Tabelle ein. Anschliessend markierst du die Werte.

Beispiel: Fliessgeschwindigkeit eines Bachs

Emma und Luca haben ihre Werte in eine Tabelle im Tabellenkalkulations-Programm übertragen (Bild 7). Anschliessend haben sie die Werte für das Diagramm markiert (Bild 8).

	A	B	C
1	Zeit t in s	Weg s in m	
2	0	0	
3	10	2.4	
4	20	6.1	
5	30	7.8	
6	40	9.3	
7	50	12.7	
8			
9			
10			
11			

Bild 7 Eingeben der Werte in die Tabelle

	A	B	C
1	Zeit t in s	Weg s in m	
2	0	0	
3	10	2.4	
4	20	6.1	
5	30	7.8	
6	40	9.3	
7	50	12.7	
8			
9			
10			
11			

Bild 8 Auswahl der Daten

Wähle unter den vom Programm vorgeschlagenen Diagrammen ein «Punktdiagramm ohne Linien» (x-y-Diagramm). Dadurch erstellt das Programm anhand der Punktwerte ein Diagramm. Beschrifte nun noch die Achsen. Im Programm kannst du bei «Trendlinie (linear)» nach Bedarf auch eine Trendgerade darstellen lassen.

Beispiel: Fliessgeschwindigkeit eines Bachs

Emma und Luca haben die Diagrammart ausgewählt («Einfügen» → «Punktdiagramm ohne Linien (XY)»). Das Programm erstellt anhand der Punktwerte ein Diagramm (Bild 9). Die Achsen müssen separat beschriftet werden («Diagrammelement hinzufügen» → «Achsentitel»). Anschliessend wird die Trendgerade («Diagrammelement hinzufügen» → «Trendlinie (linear)») eingezeichnet (Bild 10).

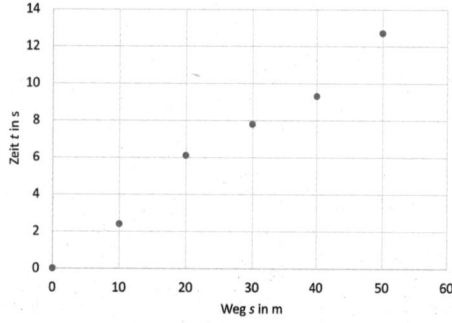

Bild 9 Werte im Punktdiagramm und beschriftete Achsen

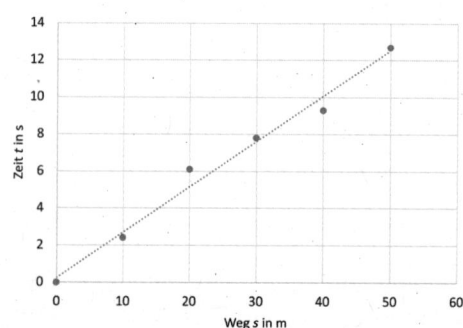

Bild 10 Lineare Trendlinie (Trendgerade)

TB 13 — DER EXPERIMENTIERPROZESS: DARSTELLEN

Deine eigenen Diagramme

a Stelle die Messwerte der Tabelle in einem Diagramm dar.

Zeit t in min	0	1	2	3	4	5	6	7	8
Temperatur T in °C	15	17	31	55	73	92	97	98	98

b Stelle die Ergebnisse einer Messung, die du durchgeführt hast, in einem Diagramm dar.

TB 14 — DER EXPERIMENTIERPROZESS: DARSTELLEN

Eine naturwissenschaftliche Zeichnung erstellen

In den Naturwissenschaften werden Beobachtungen oft mithilfe von Zeichnungen festgehalten. Für naturwissenschaftliche Zeichnungen gibt es einige Aspekte, die du beachten solltest:
- Zu jeder Zeichnung gehört ein Titel mit dem Namen des Objekts.
- Zeichne nur das, was du siehst.
- Verwende einen gespitzten Bleistift oder einen Minenbleistift mit dünner Mine. Wenn du etwas bunt zeichnen möchtest, verwende gespitzte Farbstifte.
- Zeichne deutliche Linien.
- Zeichne so gross, dass man alles gut erkennen kann.
- Lass genügend Platz für die Beschriftung.
- Zeichne mit dem Lineal Beschriftungsstriche von der Zeichnung zur Beschriftung. Die Beschriftungsstriche dürfen sich nicht kreuzen.
- Manchmal gilt es Besonderheiten zu beachten. Zum Beispiel:
  - Beim Mikroskopieren: Gib die verwendete Gesamtvergrösserung an.
  - Gib an, wenn ein Objekt speziell vorbereitet wurde (z. B. «in Salzwasser eingelegt» oder «gefärbt mit blauer Lebensmittelfarbe»).
  - Bei elektrischen Schaltplänen: Verwende die korrekten Schaltsymbole und gerade Linien.
  - Bei Glaswaren und Geräten: Zeichne nur im Querschnitt und zeichne die Öffnungen von Glaswaren offen.

Beispiel: Körperbau einer Ameise

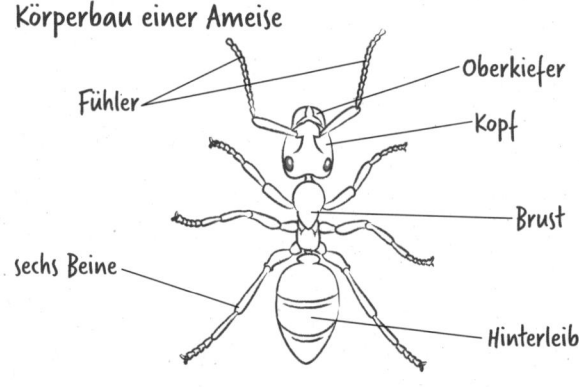

Checkliste

☒ Ein Titel ist vorhanden.
☒ Die Zeichnung ist mit spitzem Bleistift erstellt.
☒ Es sind deutliche Linien gezeichnet.
☒ Die Zeichnung ist gross genug, damit man Einzelheiten gut erkennen kann.
☒ Die Zeichnung ist beschriftet und die Beschriftungslinien kreuzen sich nicht.

Beispiel: Versuch zur Wärmeleitfähigkeit von Wasser

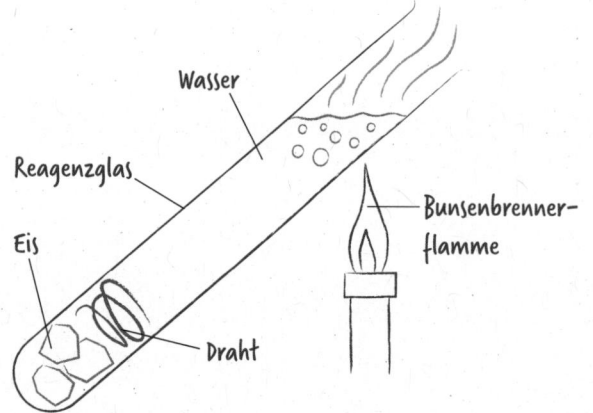

Checkliste

☒ Ein Titel ist vorhanden.
☒ Die Zeichnung ist mit spitzem Bleistift erstellt.
☒ Es sind deutliche Linien gezeichnet.
☒ Die Zeichnung ist gross genug, damit man Einzelheiten gut erkennen kann.
☒ Die Zeichnung ist beschriftet und die Beschriftungslinien kreuzen sich nicht.
☒ Glaswaren sind im Querschnitt gezeichnet, die Öffnungen sind offen.

TB 14 — DER EXPERIMENTIERPROZESS: DARSTELLEN

✏️ Erstelle eigene naturwissenschaftliche Zeichnungen
Erstelle eigene Zeichnungen und prüfe sie mithilfe der Checklisten.

TB 15 — DER EXPERIMENTIERPROZESS: DARSTELLEN

Ein Protokoll anfertigen

Wenn alle Forscherinnen und Forscher nie etwas zu ihren Experimenten aufgeschrieben hätten, gäbe es nur einen kleinen Teil aller Erfindungen und Erkenntnisse, die wir im täglichen Leben nutzen. Deshalb ist es wichtig, dass du zu deinen Experimenten ein Protokoll anfertigst. Am besten enthält dein Protokoll die folgenden Teile:

Ausgangslage
- Fasse in wenigen Sätzen zusammen, was du bereits zum jeweiligen Thema weisst. Wissenschaftlerinnen und Wissenschaftler recherchieren dazu in Fachzeitschriften. So finden sie heraus, ob es bereits Antworten auf ihre Forschungsfragen gibt.

Forschungsfrage
- Formuliere eine Forschungsfrage. Nimm dabei ▶**TB 2 Fragen** zu Hilfe.

Vermutung
- Schreibe mögliche Antworten auf deine Forschungsfrage auf. ▶**TB 3 Vermuten** hilft dir dabei, eine überprüfbare Vermutung zu formulieren.

Durchführung
- Stelle eine Liste zusammen mit allem Material, das du verwendet hast.
- Halte in Worten, Skizzen, Fotos oder in einem Video fest, wie du vorgegangen bist. Anhand deiner Beschreibung soll jemand das Experiment genau gleich durchführen können.

Darstellung der Ergebnisse
- Stelle deine Ergebnisse sinnvoll dar. Wähle dazu eine geeignete Form. Das kann eine Tabelle sein (▶**TB 12 Tabelle erstellen**), ein Diagramm (▶**TB 13 Diagramm erstellen**), eine Skizze (▶**TB 14 Zeichnung erstellen**), ein Foto oder eine Kombination davon.
- Es geht in diesem Teil nicht darum, bereits nach Erklärungen zu suchen. Beschränke dich auf das Darstellen der Ergebnisse.

Auswertung
- Erkläre deine Ergebnisse nachvollziehbar. Schreibe auf, ob deine Vermutung richtig oder falsch war. Beantworte mithilfe der Ergebnisse deine Forschungsfrage.
- Kommentiere deine Ergebnisse kritisch: Sind die Ergebnisse sinnvoll? Falls deine Vermutung falsch war: Suche nach möglichen Gründen für deine falsche Vermutung. Könnte bei der Durchführung ein Fehler passiert sein? Oder hättest du deine Durchführung ganz anders planen müssen? Ziehe ▶**TB 16 Auswerten** bei deinen Überlegungen zurate.

TB 15
DER EXPERIMENTIERPROZESS: DARSTELLEN

Dein Protokoll
Protokolliere hier ein Experiment, das du durchgeführt hast.

TB 16 — DER EXPERIMENTIERPROZESS: AUSWERTEN

Auswerten

Du hast ein Experiment durchgeführt und die Ergebnisse dargestellt. Der nächste Schritt ist nun, die Ergebnisse auszuwerten.

Leitfragen für die Auswertung

Stelle dir bei der Auswertung folgende Leitfragen:
- Bestätigen deine Messergebnisse deine Vermutung?
- Widerlegen deine Messergebnisse deine Vermutung?
- Lässt sich die Forschungsfrage mit deinen Messergebnissen beantworten?
- Was könntest du besser machen?

Beispiel: Luftfeuchtigkeit im Winter

Eine Klasse hat untersucht, wie sich im Winter die Luftfeuchtigkeit verändert. Hier die Vermutungen von drei verschiedenen Gruppen:

    Vermutung A: «Die Luftfeuchtigkeit sinkt während der Messdauer nicht unter 50 %.»
    Vermutung B: «Die Luftfeuchtigkeit bleibt im Januar unter 60 %.»
    Vermutung C: «Die Luftfeuchtigkeit bleibt das ganz Jahr über 50 %.»

Diese Tabelle stellt die Ergebnisse der Messungen dar:

Messung am	Luftfeuchtigkeit	Bemerkungen
14. Januar	82 %	
15. Januar	70 %	Das Messgerät war über Nacht eingefroren.
16. Januar	62 %	Das Messgerät war über Nacht drinnen aufbewahrt.
17. Januar	70 %	
18. Januar	62 %	
19. Januar	87 %	

Die Auswertung anhand der Leitfragen:
- Bestätigen oder widerlegen die Messergebnisse die Vermutungen?
    Vermutung A: Die Messergebnisse bestätigen die Vermutung.
    Vermutung B: Die Messergebnisse widerlegen die Vermutung.
    Vermutung C: Die gemachten Messungen bestätigen die Vermutung nicht.
        Aber die Messungen widersprechen der Vermutung auch nicht.
        Es fehlen die Messungen für die ersten Tage des Januars
        und die folgenden Monate. Diese Vermutung lässt sich mit den
        Messergebnissen weder bestätigen noch widerlegen.
- Was könnte besser gemacht werden?
    Man müsste prüfen, ob das eingefrorene Messgerät die Ergebnisse verfälscht hat. Ausserdem wurde das Messgerät einmal über Nacht drinnen aufbewahrt. Das könnte auch einen Einfluss gehabt haben.

DER EXPERIMENTIERPROZESS: AUSWERTEN

Deine eigene Auswertung

Die Forschungsfrage lautet: Wie verändert sich die Zeit zum Auflösen einer Brausetablette, wenn sie in mehr oder weniger Wasser aufgelöst wird?

a Schreibe deine Vermutung auf.

....

....

b Emma hat das Experiment bereits durchgeführt. Diese Ergebnisse hat sie aufgeschrieben.

Menge Wasser	100 ml	200 ml	300 ml	400 ml	500 ml	50 ml	150 ml
Zeit, bis die Brausetablette ganz aufgelöst war	1:49 min	1:32 min	1:31 min	1:34 min	1:32 min	2:02 min	1:43 min

Werte das Experiment mit deiner Vermutung und Emmas Ergebnissen aus.

....

....

....

....

....

TB 17 — DER EXPERIMENTIERPROZESS: BERICHTEN

Einen Erklärfilm produzieren

Du kennst sicher aus dem Internet verschiedene Erklärfilme. Erklärfilme werden auch Tutorials genannt. Einen Erklärfilm kannst du auch selbst erstellen.

Den Inhalt für den Erklärfilm erarbeiten
Der Inhalt ist das Wichtigste für einen Erklärfilm. Deshalb musst du dich gut vorbereiten:
- Arbeite dich gut in das Thema ein. Damit du etwas erklären kannst, musst du es verstehen.
- Formuliere Leitfragen zum Inhalt und beantworte sie.
- Erstelle aus den Antworten auf die Leitfragen einen verständlichen Text. Wenn du einen Fachbegriff verwendest, erkläre ihn kurz.
- Überlege: Was kann helfen, deine Erklärungen besser zu verstehen? Zum Beispiel kannst du Bilder, Modelle, Filme oder Animationen verwenden.

Die Form des Erklärfilms bestimmen
Es gibt verschiedene Möglichkeiten, wie du einen Erklärfilm gestalten kannst:
- Bild oder Modell: Zeige auf einem Bild oder an einem Modell auf verschiedene Stellen und erkläre gleichzeitig. Du kannst auch etwas auf einem unvollständigen Bild einzeichnen und dazu erklären.
- Präsentation: Anstelle von Bildern auf Papier kannst du auch etwas an einem Bildschirm erklären. Du kannst zum Beispiel eine Präsentation mit verschiedenen Folien erstellen. Mit einem Bildschirmaufnahmeprogramm nimmst du die Präsentation auf und sprichst gleichzeitig.
- Verwende die originalen Materialien, um zu zeigen, wie etwas geht. Das Bild zeigt, wie du einen Erklärfilm zum Erstellen eines Zwiebelhautpräparats produzieren kannst.

So funktioniert das Filmen

Verwende für das Filmen ein Smartphone, ein Tablet oder eine Digitalkamera. Am besten bittest du jemanden, die Aufnahmen für dich zu machen, damit du dich ganz auf das Erklären konzentrieren kannst. Achte beim Filmen auf Folgendes:

- Die Umgebung muss ruhig sein.
- Zum Filmen muss es hell genug sein.
- Wenn du Bilder verwendest, lege sie auf den Boden oder auf einen Tisch oder hänge sie an eine Wand.
- Wenn du Modelle verwendest, stelle sie vor eine einfarbige Wand oder vor ein grosses, einfarbiges Papier. Stelle ein helles Modell vor einen dunklen Hintergrund, ein dunkles Modell vor einen hellen Hintergrund.
- Wähle den Bildausschnitt so, dass nur das Bild oder das Modell zu sehen ist. Achte darauf, dass keine Gesichter im Bild sind.
- Sprich laut und deutlich in Richtung der Kamera.
- Wenn du auf etwas zeigen willst, verwende zum Zeigen einen Stift.

Wenn du etwas am Bildschirm erklärst, achte auf Folgendes:

- Die Umgebung muss ruhig sein.
- Wähle den Bildausschnitt so, dass nur der Film, die Animation oder die Präsentation zu sehen ist.
- Sprich laut und deutlich in das Mikrofon.
- Verwende zum Zeigen den Mauszeiger. Achte darauf, die Maus nicht zu schnell zu bewegen.

Es gibt auch spezielle Programme, mit denen du auf dem Bildschirm ein Bild zeigen und direkt hineinzeichnen kannst. Frage deine Lehrerin oder deinen Lehrer nach einem solchen Programm, wenn du keins kennst.

Achte beim Veröffentlichen darauf, dass du die Regeln einhältst

Ein Erklärfilm ist dann öffentlich, wenn ihn alle anschauen können. Wenn du deinen Erklärfilm veröffentlichst, musst du darauf achten, dass du keine Urheberrechte verletzt. Was Urheberrechte sind, lernst du im «Medien und Informatik»-Unterricht. Wenn du alles selbst gemacht hast (selbst geschrieben, selbst gezeichnet, selbst gesprochen), ist das Risiko eher gering, dass du Urheberrechte verletzen könntest.

⚠ Beachte

Immer wenn du einen Film veröffentlichst,
dürfen darin keine Gesichter von anderen Personen
zu erkennen sein.

TB 18   DER EXPERIMENTIERPROZESS: BERICHTEN

Schriftlich präsentieren

Du kannst einen Inhalt auf ganz unterschiedliche Art und Weise schriftlich präsentieren, beispielsweise auf einem Poster, auf einem Informationsflyer oder als Broschüre. Die folgende Checkliste hilft dir dabei, Inhalte richtig und ansprechend darzustellen.

Fünf Merkmale für eine gelungene schriftliche Präsentation
- Informationen und Inhalte sind korrekt.
- Aufbau und Gliederung erleichtern das Lesen.
- Bilder und Tabellen wecken die Aufmerksamkeit.
- Sprache und Schrift unterstützen das Lesen.
- Die Präsentation passt zum Zielpublikum.

Informationen und Inhalt
- Was sind die wichtigsten Informationen zum Thema?
  Schau dir den Auftrag oder die Frage noch einmal genau an. Vielleicht hilft dir auch ▶TB 23 Text lesen dabei, Wichtiges von Unwichtigem zu unterscheiden.
- Sind die Informationen korrekt? Stimmen die Inhalte?
  Wenn du ähnliche Informationen in verschiedenen Büchern, Zeitschriften und im Internet mehrmals findest, dann ist das ein gutes Zeichen.
- Halte fest, woher du die Informationen hast, zum Beispiel am Schluss deines Berichts.

Aufbau und Gliederung
- Bauen die Inhalte logisch aufeinander auf?
  Gib den wichtigsten Inhalten informative Überschriften. Bringe die Überschriften und Texte in eine sinnvolle Reihenfolge.
- Sind wichtige Inhalte leicht erkennbar?
  Hebe Wichtiges hervor. Platziere zentrale Aussagen in Kästen oder schreibe sie bunt.

Bilder und Tabellen
- Passen deine Tabellen und Bilder zum Thema?
  Tabellen und Bilder müssen auch verstanden werden, wenn der Text nicht gelesen wird. Und umgekehrt: Der Text muss auch ohne Tabellen und Bilder verständlich sein.
- Ergeben Text und Bilder eine ausgewogene Mischung?
  Die Präsentation soll weder überladen noch leer wirken.

Sprache und Schrift
- Hast du dich verständlich ausgedrückt und auf das Wesentliche beschränkt?
  Beschränke dich auf wichtige Informationen (siehe Punkt «Informationen und Inhalt»). Formuliere kurze Sätze. Vermeide unnötige Fachbegriffe. Vermeide wohlklingende, aber nichtssagende Sätze.
- Unterstützt die gewählte Schriftart die Lesbarkeit?
  Beschränke dich auf wenige verschiedene Schriftarten und Schriftfarben.

TB 18
DER EXPERIMENTIERPROZESS: BERICHTEN

Plane und gestalte ein Poster, einen Informationsflyer oder eine Broschüre

Schreibe hier die Antworten auf folgende Fragen auf:

a Planst du ein Poster, einen Informationsflyer oder eine Broschüre?
b Zu welchem Thema planst du ein Poster, einen Informationsflyer oder eine Broschüre?
c Was sind die wichtigsten Informationen zum Thema? Woher hast du die Informationen?
d Welche kurzen und informativen Überschriften eignen sich für die wichtigsten Inhalte? Welche Reihenfolge der Inhalte ist sinnvoll?
e Wie möchtest du Wichtiges hervorheben?
f Welche Tabellen und Bilder möchtest du verwenden?
g Welche Schriftarten und Schriftfarben möchtest du verwenden?

TB 19 — DER EXPERIMENTIERPROZESS: BERICHTEN

Mündlich präsentieren

Inhalte kannst du in verschiedenen Formen spannend mündlich präsentieren, zum Beispiel in einem Postervortrag, als Kurzpräsentation oder in einem umfassenden Vortrag.

Inhalt

Der Inhalt deiner Präsentation muss dir klar sein. Sammle Informationen zu deinem Thema. Berichtest du über eine eigene Arbeit, suche deine Unterlagen und Notizen dazu zusammen. Kläre noch unklare Punkte. Du kannst einen offenen Punkt auch noch für den Schluss der Präsentation aufsparen. Zum Beispiel eine Frage, die noch ungeklärt ist, oder ein Ergebnis, das du nicht einordnen kannst, oder etwas, was du noch tun willst.

Tipp Schreibe dir die drei wichtigsten Punkte deines Themas in Stichworten auf.

Aufbau und Gliederung

Schreibe deine Präsentation nicht auf, sondern sprich frei.

Tipp Dauert deine Präsentation länger, mach dir zu deinen drei wichtigen Punkten Stichwortkarten.

Es ist wichtig, dass du deine Zuhörerinnen und Zuhörer führst. Das bedeutet: Du sagst immer wieder, wo in der Präsentation du bist und was als Nächstes kommt. Damit deine Zuhörerinnen und Zuhörer dir folgen können, musst du manche Dinge wiederholen.

Am einfachsten baust du deine Präsentation nach der Fünf-Finger-Regel auf. So kannst du dich immer gut orientieren:

Beim Daumen kommt deine Einleitung. Sage, worüber du sprichst.
Zum Beispiel: Wer hat bei deiner Arbeit mitgemacht?
Wie bist du auf das Thema gekommen? Hast du etwas Überraschendes herausgefunden? Hast du offene Fragen?

Gib am Ende der Einleitung einen Überblick über die Präsentation.

Jetzt kommt der Hauptteil deiner Präsentation. Gliedere den Hauptteil in drei Punkte. Achte darauf, dass die Abfolge der drei Punkte logisch ist. Zeige zu jedem Punkt einen Gegenstand, ein Bild oder ein selbst gemachtes Poster. Beim letzten Punkt kannst du auch eine Überraschung platzieren.

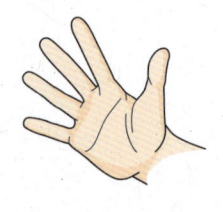

Fasse die drei Punkte in einer Aufzählung kurz zusammen.
Am Ende kommt nichts Neues mehr.
Bedanke dich für die Aufmerksamkeit und beende deine Präsentation.
Jetzt ist die Zeit für Fragen und eine Diskussion.

DER EXPERIMENTIERPROZESS: BERICHTEN

TB 19

Beispiel: Emma präsentiert eine Gruppenarbeit

Emma hat mit zwei Mitschülern Herbstblätter auf ihre Farbstoffe hin untersucht. Ihre Ergebnisse haben sie gemeinsam auf einem Poster festgehalten. Nun präsentiert Emma die Ergebnisse ihrer Gruppenarbeit. Das Poster hängt hinter Emma an der Wandtafel.

Hier seht ihr grüne, rote und gelbe Ahornblätter. Wir haben die Farbstoffe in Ahornblättern untersucht.

Ich sage zuerst etwas zum Vorgehen. Dann stelle ich euch die Ergebnisse unserer Untersuchung vor.

Am Ende möchte ich eine Frage ansprechen, die uns noch unklar ist.

Zum Vorgehen: Wir haben eine Papierchromatografie mit einer Benzin-Aceton-Mischung als Laufmittel gemacht.

Wir haben drei Chromatografieblätter ins Laufmittel gestellt. Die Ergebnisse waren in etwa gleich.

Das ist das Ergebnis:

Wir haben in den grünen, gelben und roten Blättern gelbe Farbstoffe gefunden.

Auf dem Poster könnt ihr unsere Ergebnisse sehen. Ihr seht, dass es bei allen Blättern gelbe Linien hat.

Im grünen Blatt finden wir noch zwei grüne Linien. Im roten Blatt taucht eine rote Linie ganz nah beim Startpunkt auf.

Und so interpretieren wir diese Ergebnisse: Die Blätter werden gelb, weil das Grün verschwindet. Das Grün hat die gelbe Farbe vorher überdeckt.

Aber wir fragen uns: Warum stellt die Pflanze in den roten Blättern noch neue rote Farbstoffe her? Darüber können wir nachher in der Fragerunde zusammen nachdenken.

Ich fasse zusammen: Wir haben in allen Blättern gelbe Farbstoffe gefunden. Die grünen verschwinden wie erwartet. Unklar ist, warum kurz vor dem Blattfall noch neue rote Farbstoffe auftauchen.

Danke fürs Zuhören. Jetzt beginnt die Fragerunde.

Weiterdenken

Du hast ein Experiment durchgeführt. Beim Auswerten konntest du deine Vermutung bestätigen oder du musstest sie widerlegen. Vielleicht sind dabei neue Fragen aufgetaucht. Oder du hast dir überlegt, wozu die Ergebnisse deines Experiments nützlich sein könnten. Genau das machen Wissenschaftlerinnen und Wissenschaftler auch. Durch dieses Weiterdenken stossen sie oft auf neue Erkenntnisse.

Weiterdenken heisst
— Suche zusätzliche Erklärungen.
— Finde weitere Zusammenhänge.
— Gib dich nicht mit der einfachsten Antwort zufrieden.
— Überlege dir, wofür die Ergebnisse deines Experiments nützlich sein könnten.
— Schreibe neue Forschungsfragen auf.

Beispiel: Luftfeuchtigkeit im Winter
Eine Klasse hat untersucht, wie sich im Winter die Luftfeuchtigkeit verändert. Die Ergebnisse sind in ▶TB 16 Auswerten bei «Beispiel» dargestellt.

Weiterdenken:
— Sind diese Ergebnisse typisch für die Jahreszeit und die Region?
— Gibt es eine Wetterstation im Dorf oder in der Gegend? Oder Messdaten im Internet? Dann könnten wir die Januar-Messergebnisse dieser Wetterstation mit unseren Messungen vergleichen.
— Unterscheidet sich die Januar-Messung von Messungen in anderen Monaten?

TB 20 — DER EXPERIMENTIERPROZESS: WEITERDENKEN

Denke selbst weiter

Emma hat ein Experiment durchgeführt, um herauszufinden, wie sich die Zeit zum Auflösen einer Brausetablette verändert, wenn die Tablette in mehr oder weniger Wasser aufgelöst wird. Ihre Ergebnisse und deine Auswertung findest du in ▶ **TB 16 Auswerten** bei «Deine eigene Auswertung».

a Schreibe eine Erklärung für Emmas Ergebnisse auf.

b Schreibe auf, wofür die Ergebnisse des Experiments von Emma nützlich sein könnten.

c Schreibe zwei weitere Forschungsfragen auf, die dir zum Auflösen von Brausetabletten in Wasser einfallen.

INFORMATIONEN ERSCHLIESSEN

Informationen finden

Sicher hast du auch schon eine Frage gehabt, die niemand beantworten konnte. In Mediatheken oder im Internet findest du Antworten auf fast alle Fragen. Aber stimmen die Antworten auch wirklich? Die folgenden Fragen und Antworten helfen dir bei deiner Suche.

Wonach genau suche ich?
Auf deiner Suche wirst du viele interessante Informationen finden, die du eigentlich gar nicht suchst. Deshalb ist es wichtig, dass du immer genau weisst, was du suchst.

Tipp Schreibe deine Fragestellung auf.

Nach welchen Suchbegriffen soll ich suchen?
Für jede Suche benötigst du Suchbegriffe, zum Beispiel für die Suche im Internet, im Katalog einer Mediathek, in Büchern und in Zeitschriften.

Tipp Leite aus deiner Fragestellung wichtige Suchbegriffe ab.

Kann ich auch Informationen von Facebook, Instagram, Twitter, YouTube und ähnlichen sozialen Medien verwenden?
Ja, aber du musst dabei sehr kritisch sein! Denn auch wenn eine Information tausende Male gelikt, geteilt und kommentiert wird: Das bedeutet noch lange nicht, dass diese Information korrekt ist. Oft ist das Gegenteil der Fall: Unterhaltsame Falschinformationen verbreiten sich oft schneller als wahre Tatsachen. Über das Internet und soziale Medien können alle Personen Informationen verbreiten, unabhängig davon, ob sie etwas von einer Sache verstehen oder nicht. Es gibt aber auch fachkundige Personen, die Informationen über soziale Medien publizieren.

Tipp Vergleiche Informationen in sozialen Medien immer mit Informationen in anderen Quellen.

Woran erkenne ich, ob gefundene Informationen für mich geeignet sind?
Du hast viele Bücher und Artikel in Zeitschriften gefunden. Suchmaschine, Videoplattform und Mediathekkatalog zeigen viele Ergebnisse an. Aber du kannst nicht alles genau anschauen oder lesen. Prüfe Titel und Ergebnislisten kritisch, bevor du mit dem genauen Lesen beginnst oder auf einen Link klickst.

Tipp Schau dir die angezeigten Titel und Texte an. Passen sie zu deiner Frage? Im Internet: Schau dir den ersten Teil der angezeigten Links an.

Sich genauer in einen Text oder Videoclip zu vertiefen lohnt sich nur, wenn die Informationen für dich verständlich und auf deine Frage ausgerichtet sind.

Tipp Überfliege die Inhalte zuerst, bevor du dich in den Details verlierst.

Die Seite ist geeignet, wenn du die folgenden Fragen mit Ja beantworten kannst:
– Verstehst du den Text oder den Videoclip ohne grössere Probleme?
– Geht es im Text oder im Videoclip um deine Frage?

Die Seite ist nicht geeignet, wenn eine der folgenden Aussagen zutrifft:
– Im Text oder im Videoclip kommen sehr viele Fachbegriffe vor.
– Der Text oder Videoclip ist zwar interessant, aber es geht nicht wirklich um deine Fragestellung.
– Die Seite enthält viel Werbung.

Beispiel für eine Informationssuche

Ein Kollege hat gesagt: «Wasserpfeifen rauchen, das ist kein Problem. Das ist sogar gesund!» Du bist dir da nicht ganz sicher.

Eine mögliche Fragestellung für deine Suche könnte lauten: «Ist Wasserpfeife rauchen gefährlich für die Gesundheit?»

Wichtige Suchbegriffe: Wasserpfeife Gesundheit

Welche Informationen kannst du verwenden?
- Ein User mit dem Namen Sishapascha hat ein Bild einer Wasserpfeife auf Instagram hochgeladen und dazu geschrieben: «Toll, wirkt auch gegen Schnupfen.» Du weisst nicht, wer genau hinter dem User Sishapascha steckt. Deshalb ist diese Information wenig vertrauenswürdig.
- Eine Freundin von dir hat auf Facebook einen Link zum Thema Wasserpfeifen geteilt. Der Link führt zu einem Artikel auf der Internetseite DasMagazin.ch. Auf der Internetseite siehst du, dass es sich um eine Beilage der Tageszeitung Tages-Anzeiger handelt. Da es sich beim Tages-Anzeiger um eine weitgehend seriös recherchierte Zeitung handelt, könnte der Artikel vertrauenswürdig sein.

Passen die folgenden Titel oder Texte zu deiner Frage?
- «Wasserpfeifen sind nicht besser als Zigaretten»: Dieser Titel könnte Antworten auf deine Frage liefern.
- «Wasserpfeife und der Reiz des Orients»: Dieser Text gibt wahrscheinlich keine Antworten auf deine Frage.
- «Eine Wasserpfeife, Shisha (auch Sheesha; deutsche Transkription: Schischa) ist eine …». Dieser Link ist wahrscheinlich nicht geeignet, um deine Frage zu beantworten.
- Ein Link, bei dem [Anzeige] vorangestellt ist, ist Werbung. Dieser Link führt zu Internetseiten von Onlineshops. Dort findest du keine Antworten auf deine Fragen.
- Die folgenden Links könnten vertrauenswürdige Informationen liefern: www.bag.admin.ch (Bundesamt für Gesundheit); www.gesundheit.de; www.scinexx.de (Wissensmagazin)
- Internetadressen, die «blog» enthalten, sind oft von weniger vertrauenswürdiger Qualität.

TB 22 — INFORMATIONEN ERSCHLIESSEN

Im Internet recherchieren

Wenn du im Internet recherchierst, findest du immer etwas. Aber du findest nicht immer das, was du suchst. Auf dieser Toolboxseite sind ein paar Tipps und Tricks, wie du gezielter suchen kannst und wie du bessere Suchresultate bekommst.

Mehrere Suchbegriffe eingeben

Du möchtest zum Beispiel Seiten finden, auf denen der Begriff *Kraft* einfach erklärt ist. Wenn du im Suchfeld nur *Kraft* eintippst, sieht das Suchresultat etwa so aus wie auf Bild 1. Wenn du aber *Kraft einfach erklärt* eintippst, sieht das Suchergebnis etwa wie auf Bild 2 aus.

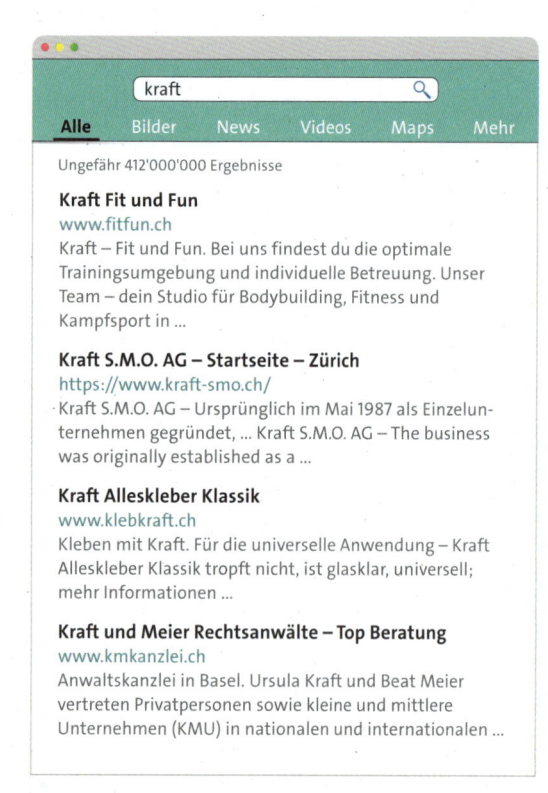

Bild 1 Ein einzelner Suchbegriff ergibt extrem viele und ungenaue Ergebnisse.

Bild 2 Mehrere Suchbegriffe ergeben weniger und bessere Ergebnisse.

Der einzelne Suchbegriff in Bild 1 ergibt etwa 412 000 000 Ergebnisse. Davon beziehen sich viele Ergebnisse nicht auf das, was du suchst. Mehrere Suchbegriffe in Bild 2 ergeben viel weniger Ergebnisse als vorher. In den ersten paar Ergebnissen geht es genau um das, was du suchst.

Fragen eingeben

Gute Suchergebnisse erhältst du oft auch, wenn du eine Frage eintippst. Zum Beispiel möchtest du wissen, wie schnell ein Falke fliegen kann. Wenn du *wie schnell fliegt ein Falke* eintippst, erhältst du sehr genaue Suchergebnisse.

Tipp Vergleiche die Informationen auf einer Seite immer mit Informationen auf anderen Seiten. Zum Beispiel steht auf einer Seite, dass die Höhe des Eiffelturms 324 Meter beträgt. Wenn du auf zwei oder drei anderen Seiten dieselbe Höhe findest, kannst du davon ausgehen, dass der Eiffelturm auch wirklich 324 Meter hoch ist.

Suchergebnisse filtern

Viele Suchmaschinen bieten Filter an. Wie du in Bild 3 siehst, kannst du die Suchergebnisse zum Beispiel nach Bildern (1), Videos (2), Nachrichten (News, 3) oder Alter (Zeit, 4) filtern.

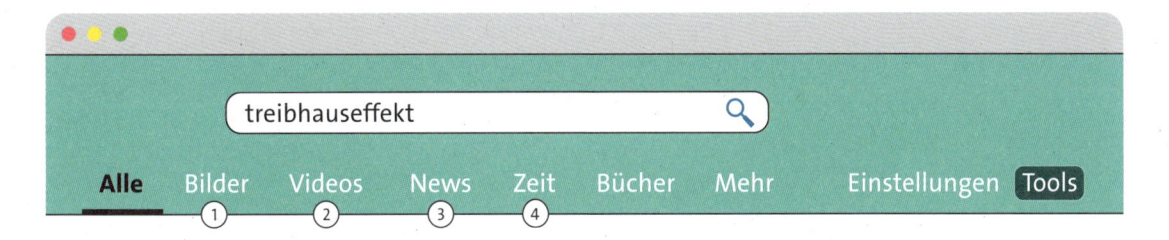

Bild 3 Filter für Bilder, Videos, News und das Alter der Suchergebnisse

Bilder richtig verwenden

Wenn du Bilder für eine Arbeit in der Schule verwenden möchtest, musst du einiges beachten:
- Verwende möglichst immer nur selbst gemachte Bilder.
- Wenn du Bilder von Personen machst, müssen sie damit einverstanden sein.
- Wenn du Bilder mit Personen öffentlich weiterverwendest, zum Beispiel auf einer Internetseite, in einem Blog oder auch im Klassenchat, müssen die Personen auf den Bildern damit einverstanden sein.
- Wenn du Bilder aus dem Internet verwenden möchtest, suche sie zum Beispiel auf pixabay.com oder search.creativecommons.org. Auf diesen Internetseiten darfst du die meisten Bilder verwenden.
- Die meisten Bilder, die du mit Suchmaschinen wie Google findest, darfst du nicht verwenden.
- Gib immer die Bildquelle, den Namen der Urheberin oder des Urhebers und die Lizenz an. Das sieht dann so aus wie im Beispiel in Bild 4.

Bild 4 Asiatischer Marienkäfer
(pixabay.com, Urheber: francok35, Lizenz: CC0)

⚑ Gut zu wissen
Die Lizenz CC0 steht für «Creative Commons 0» und bedeutet, dass du das Bild verwenden darfst.

INFORMATIONEN ERSCHLIESSEN

Einen Text lesen

Gehe beim Lesen Schritt für Schritt vor: Die folgenden vier Leseschritte helfen dir, Texte besser zu verstehen.

Leseschritt 1: Den Text überfliegen
Verschaffe dir zuerst einen Überblick über den Text, bevor du mit dem Lesen beginnst. Überfliege den Text, achte dabei auf
- Abbildungen und Diagramme,
- Legenden und Beschriftungen,
- Tabellen,
- Überschriften,
- hervorgehobene Wörter oder Textteile (z. B. Kasten).

Lies auch die Fragen, die zum Text gestellt werden.

Tipp Schreibe passende Stichwörter zu bestimmten Textstellen, Abbildungen oder Grafiken auf kleine Post-it-Zettel. Klebe diese Post-it-Zettel neben die entsprechende Stelle.

Überlege nun und schreibe auf,
- welche Informationen du im Text erwartest. Schreibe dazu Fragen auf.
- was das Hauptthema des Textes sein könnte.
- was du bereits über das Thema weisst.

Tipp Erstelle ein Mindmap. Halte darauf fest, was du bereits über das Thema weisst.

Leseschritt 2: Den Text bearbeiten
Lies den Text. Achte dabei auf deine Fragen aus Leseschritt 1 oder auf Fragen, die zum Text gestellt werden. Gehe beim Lesen so vor:
- Lies den ersten Abschnitt.
- Schreibe wichtige Wörter oder Begriffe auf.
  Tipp Nicht alle Begriffe sind wichtig. Wichtige Begriffe erkennst du daran, dass sie fett markiert sind oder dass sie mehrmals im Text vorkommen.
- Schreibe Angaben auf, die im Text zu den Begriffen oder Wörtern zu finden sind.
- Gibt es Abbildungen zum Abschnitt? Suche die Begriffe in den Abbildungen.
- Kläre schwierige Wörter und Textstellen. Du hast mehrere Möglichkeiten:
  - Frage jemanden nach der Bedeutung.
  - Schaue nach, ob das Wort in einer Abbildung vorkommt.
  - Schaue die Bedeutung in einem Wörterbuch oder im Internet nach.
- Lies nun den zweiten Abschnitt. Gehe dabei gleich vor wie beim ersten Abschnitt.
- Wenn der Text Angaben zu bereits notierten Begriffen macht, ergänzt du sie dort.
- Wenn du alle Abschnitte gelesen hast: Betrachte deine Notizen. Überprüfe, ob du noch Angaben ergänzen kannst.
  Tipp Vergleiche deine Notizen mit denen einer Kollegin oder eines Kollegen.

Tipp Lest zu zweit und erzählt einander nach jedem Abschnitt, was ihr gelesen habt. Wählt gemeinsam die wichtigen Begriffe aus und notiert zusammen die Angaben dazu.

Leseschritt 3: Verarbeiten

Zum Verarbeiten verknüpfst du die Informationen aus dem Text miteinander und stellst sie in einer anderen Form dar. Wähle eine passende Form aus:
– Randnotizen: Wenn unter einem Titel oder Untertitel mehrere Abschnitte sind, kann es hilfreich sein, Randnotizen zu machen. Nimm dazu Post-it-Zettel. Schreibe darauf das Wesentliche in Stichworten auf und klebe den Zettel zur entsprechenden Textstelle, Abbildung oder zum passenden Diagramm.
– Zeichnung: Erstelle eine Skizze von den Objekten oder Strukturen, die beschrieben sind. Beschrifte deine Skizze.
– Tabelle: Ordne die Informationen aus dem Text in einer Tabelle (▶TB 12 Tabelle erstellen).
– Textinhalt zusammenfassend darstellen: Erstelle ein Mindmap und halte darin die wichtigsten Informationen fest.

Beantworte die vorgegebenen Fragen.

Leseschritt 4: Textverständnis überprüfen

Überprüfe, ob du den Text richtig verstanden hast. Wähle dazu eine Methode aus:
– Arbeitet zu zweit: Vergleicht eure Notizen, Randnotizen, Zeichnungen und so weiter. Ergänzt oder korrigiert.
– Kontrolliere, ob du die vorgegebenen Fragen beantwortet hast. Versuche, auf deine eigenen Fragen aus Leseschritt 1 Antworten zu finden.
– Arbeitet zu zweit: Stellt euch gegenseitig Fragen zum Text.

TB 24 INFORMATIONEN ERSCHLIESSEN

Ein Diagramm lesen

Oft lassen sich mit Diagrammen komplizierte Informationen leichter verständlich darstellen. Im Folgenden lernst du verschiedene Diagrammarten kennen und erfährst, wie du sie lesen kannst.

Die häufigsten Diagrammarten im Überblick

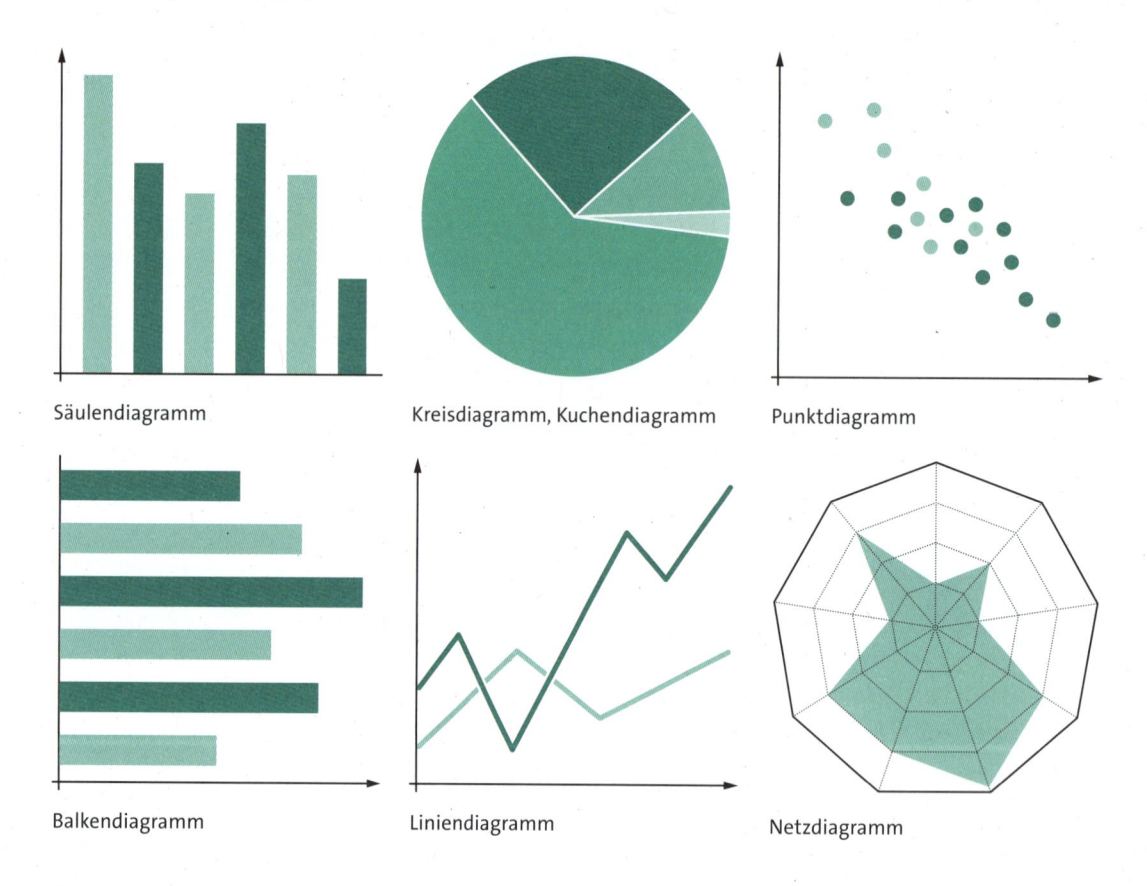

Säulendiagramm · Kreisdiagramm, Kuchendiagramm · Punktdiagramm

Balkendiagramm · Liniendiagramm · Netzdiagramm

Die folgende Checkliste hilft dir, Diagramme zu lesen.

1. **Verschaffe dir einen Überblick**
   – Worum geht es? Was ist das Thema? Wie lautet der Titel? Was steht in der Legende?
   – Bei Säulen-, Balken-, Linien- oder Punktdiagrammen:
     Betrachte die Achsen (x-Achse = waagrecht; y-Achse = senkrecht).
     Was wird auf der einzelnen Achse gezeigt?
     Bei welchen Werten beginnen die Achsen? Bei welchen Werten enden die Achsen?
   – Bei allen Diagrammen:
     Was bedeuten die Zahlen? Welche Einheiten haben die Zahlen? Sind die Werte in Prozent angegeben?

2. **Diagramm lesen**
   – Lies einzelne Werte aus dem Diagramm heraus. Formuliere dazu ganze Sätze.
   – Vergleiche die Werte miteinander. Formuliere dazu ganze Sätze.

3. **Diagramm interpretieren**
   – Leite Schlussfolgerungen ab. Begründe diese mit den Daten aus dem Diagramm. Formuliere dazu ganze Sätze.

TB 24 — INFORMATIONEN ERSCHLIESSEN

Beispiel: Zusammensetzung der Atemgase in der Luft

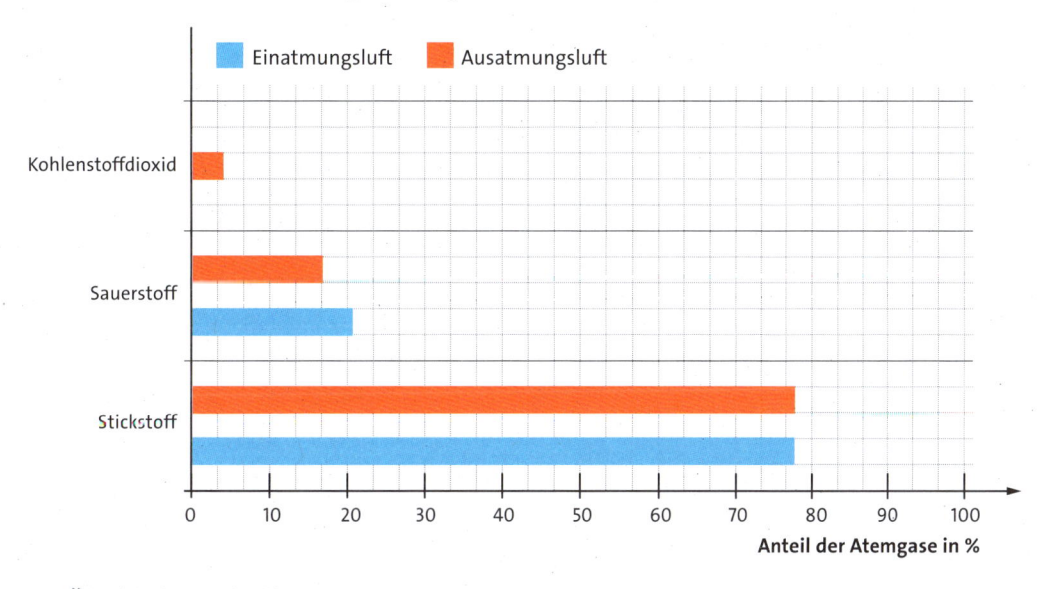

Zusammensetzung der Atemgase in Prozent

(Balkendiagramm: Einatmungsluft [blau] und Ausatmungsluft [orange] für Kohlenstoffdioxid, Sauerstoff und Stickstoff; x-Achse: Anteil der Atemgase in %)

1. Überblick verschaffen
   - Es geht um die Zusammensetzung der Atemgase.
   - Es werden drei Gase berücksichtigt: Kohlenstoffdioxid, Sauerstoff und Stickstoff.
   - Es gibt nur eine x-Achse.
   - Auf der x-Achse werden die Anteile der Gase in Prozent angegeben.
   - Die x-Achse beginnt bei 0 % und endet bei 100 %.

2. Diagramm lesen
   - In der Einatmungsluft sind etwas mehr als 20 % Sauerstoff und etwas weniger als 80 % Stickstoff.
   - In der Ausatmungsluft sind etwa 4 % Kohlenstoffdioxid, etwa 17 % Sauerstoff und etwas weniger als 80 % Stickstoff.
   - In der Einatmungsluft gibt es mehr Sauerstoff als in der Ausatmungsluft.
   - Es gibt gleich viel Stickstoff in der Einatmungsluft und in der Ausatmungsluft.
   - Kohlenstoffdioxid gibt es nur in der Ausatmungsluft.

3. Diagramm interpretieren
   - Der Körper scheint der Luft Sauerstoff zu entnehmen. Denn in der Ausatmungsluft sind ca. 4 % weniger Sauerstoff enthalten als in der Einatmungsluft.

TB 25 — MIT MODELLEN ARBEITEN

Modelle nutzen

Es gibt verschiedene Arten von Modellen. Manche Modelle zeigen etwas einfacher, als es ist, zum Beispiel ein Modellauto. Mit anderen Modellen kann man zeigen, wie etwas funktioniert, zum Beispiel mit dem Modell eines Kniegelenks. Solche Modelle nennt man Funktionsmodelle. Einige Modelle dienen dazu, sich etwas besser vorzustellen, zum Beispiel Atommodelle. Solche Modelle nennt man Denkmodelle.

Wichtig zu wissen
- Modelle stellen Dinge und Sachverhalte vereinfacht dar.
- Modelle können Fragen beantworten und Erklärungen liefern.
- Modelle werden überarbeitet, damit sie Sachverhalte besser erklären.
- Ein Modell entspricht nie komplett dem Original.
- Ein gutes Modell passt zu den Fragen, die mit dem Modell beantwortet werden sollen.

Beispiele von Modellen
Auch im Unterricht wirst du immer wieder mit Modellen arbeiten. Zum Beispiel lernst du Modelle von Gelenken, Knochen oder dem Herzen kennen, wenn es um die Funktionsweise des Körpers geht. Modelle von Atomen werden dir zum Beispiel bei der Beschreibung von chemischen Reaktionen begegnen. Auch für Stromkreise gibt es Modelle, die dir beim Verstehen der Zusammenhänge helfen können.

Wenn du mit Modellen arbeitest, stelle dir jedes Mal die folgenden Fragen
1. Was kann mit dem Modell erklärt werden?
2. Was kann mit dem Modell nicht erklärt werden?
3. Wie könnte das Modell verbessert werden?
4. Wie könnte geprüft werden, ob das überarbeitete Modell tatsächlich besser ist?

Beispiel: Modell eines Kniegelenks
Emma und Luca haben ein Kniegelenk gebaut (Bild).

1. Was kann mit dem Modell erklärt werden?
   Mit dem Modell können der grobe Bau des Gelenks und die ungefähre Funktionsweise beim Beugen und Strecken erklärt werden.

2. Was kann mit dem Modell nicht erklärt werden?
   Die Details des Baus können nicht erklärt werden: der Übergang vom Muskel zur Sehne; die Ansatzstellen der Sehnen an den Knochen; die Aufteilung der Oberschenkelmuskulatur; die Bänder um das Kniegelenk und so weiter.

   Die genaue Funktionsweise kann ebenfalls nicht erklärt werden: Welche Muskelgruppen ziehen sich bei welcher Bewegung aktiv zusammen, welche werden passiv gedehnt? Wenn der Muskel in der Realität angespannt ist, ist der Ballon im Modell entspannt (z. B. der «Kniebeuger-Ballon» beim Beugen des Knies).

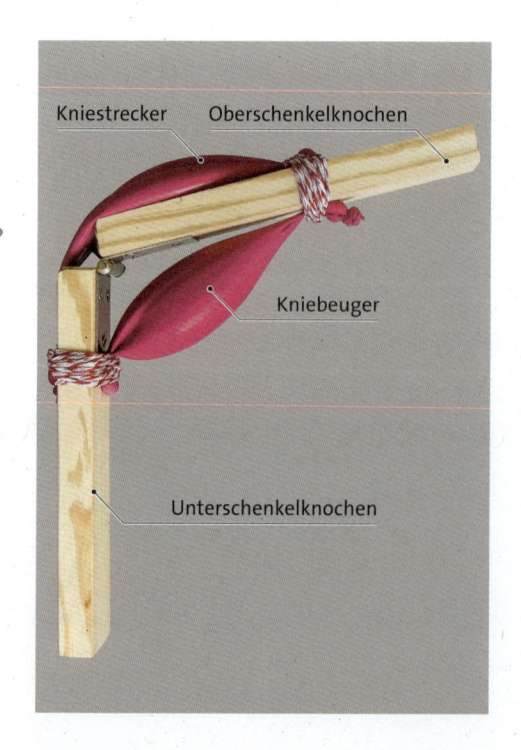

TB 25   MIT MODELLEN ARBEITEN

3. Wie könnte das Modell verbessert werden?
   Die Bauweise kann genauer sein. Zum Beispiel könnte die Verbindung der Muskeln mit den Knochen oder das Anspannen und Entspannen der Ballone verbessert werden.

4. Wie könnte geprüft werden, ob das überarbeitete Modell tatsächlich besser ist?
   Bilder oder Filme einer echten Bewegung könnten mit dem Modell verglichen werden.

Bewerte dein eigenes Modell
a   Schreibe den Namen deines Modells auf.
b   Zeichne dein Modell oder klebe ein Foto davon ein.
c   Beantworte die folgenden Fragen:
   1. Was kann mit dem Modell erklärt werden?
   2. Was kann mit dem Modell nicht erklärt werden?
   3. Wie könnte das Modell verbessert werden?
   4. Wie könnte geprüft werden, ob das überarbeitete Modell tatsächlich besser ist?

TB 26 MIT MODELLEN ARBEITEN

Systematisch ordnen

In der Natur kann man oft Ähnlichkeiten und Muster erkennen. Zum Beispiel lassen sich die chemischen Elemente oder die Lebewesen aufgrund von Ähnlichkeiten in Gruppen ordnen. Die Jahreszeiten, der Wechsel der Tageslänge oder die Mondphasen sind Beispiele für sich wiederholende Muster.

Durch das Ordnen lassen sich oft Gesetzmässigkeiten herleiten, die zu neuem Wissen führen. Auch können Forschende Ergebnisse erst dann sinnvoll vergleichen, wenn sie geordnet werden.

Ordnen erfolgt nach eindeutigen Regeln
- Für das Ordnen brauchst du klare Regeln. Oft brauchst du mehrere Regeln.
- Meistens ist es sinnvoll, die erhaltenen Gruppen in weitere Untergruppen zu unterteilen.
- Deine Regeln müssen auch von anderen Personen verstanden werden. Andere Personen müssen ohne deine Hilfe mit deinen Regeln die gleiche Ordnung herstellen können wie du.

Beispiele
- Die chemischen Elemente lassen sich nach den folgenden Regeln in Metalle und Nichtmetalle einteilen: Metalle leiten Strom und Wärme gut, lassen sich biegen und sind bei Raumtemperatur fest.
- Reptilien und Vögel lassen sich anhand der folgenden Regeln unterscheiden: Reptilien haben Schuppen und Vögel haben Federn.

TB 26 — MIT MODELLEN ARBEITEN

Regeln müssen unter Umständen überprüft und angepasst werden
Wird ein Beispiel gefunden, das nicht zur vorgeschlagenen Ordnung passt, gibt es zwei Möglichkeiten:
1. Es handelt sich um eine Ausnahme. Mit den Regeln können alle anderen Beispiele eingeordnet werden.
2. Mit den Regeln können auch weitere Beispiele nicht sinnvoll eingeordnet werden. Dann müssen die Regeln überdacht werden.

Folgende Leitfragen helfen dir beim Überprüfen deiner Ordnungsregeln:
- Können deine Ordnungsregeln auf alle Beispiele angewendet werden?
  Überprüfe, ob du vielleicht ein Beispiel findest, bei dem deine Regeln nicht passen.
- Falls du ein Beispiel findest, bei dem deine Regeln nicht passen:
  Handelt es sich um eine einzelne Ausnahme? Oder musst du deine Regeln anpassen?

Beispiel: Metalle und Nichtmetalle
- Nicht alle Elemente lassen sich eindeutig den Gruppen der Metalle oder Nichtmetalle zuteilen. Es gibt einige Elemente, die sowohl Eigenschaften der Metalle wie der Nichtmetalle haben. Deshalb musste man die Einteilung überdenken. Es wurde eine zusätzliche Gruppe eingeführt: die Halbmetalle.
- Quecksilber hat alle Eigenschaften von Metallen bis auf folgende: Es ist bei Raumtemperatur flüssig. Deshalb gibt es in diesem Fall eine Ausnahme der Regel: Quecksilber ist das einzige Metall, das bei Raumtemperatur flüssig ist.

Beispiel: Vögel und Säugetiere
- Vögel und Säugetiere kann man so unterscheiden: Vögel haben Flügel, Säugetiere nicht. Es gibt aber auch Säugetiere mit Flügeln. Es müssen also andere Unterscheidungsmerkmale gefunden werden.

TB 27 — MIT MODELLEN ARBEITEN

Zusammenhänge darstellen

Du kennst das bestimmt: Du schaust einen Film an, du liest einen Text, du planst einen Versuch oder du verfolgst eine Diskussion. Danach hast du vielleicht Fragen: Was hat welche Wirkung? Wo liegen die Ursachen? Was hängt womit zusammen? Die beiden folgenden Darstellungsweisen helfen dir, Zusammenhänge sichtbar zu machen.

Concept Map

Ein Concept Map verwendest du, wenn du dir eine Übersicht zu einem Thema verschaffen möchtest. Suche zu diesem Thema fünf bis zehn Begriffe. Diese Begriffe sollen die folgenden Kriterien erfüllen:
— Die Begriffe sind wichtig für das Thema.
— Bei den Begriffen handelt es sich um Nomen.

Stelle die Begriffe in einem Kasten dar. Verbinde die Begriffe mit Pfeilen. Beschrifte die Pfeile mit einem Verb oder einem Halbsatz, sodass die Pfeilrichtung sinnvoll ist.

Beispiel für ein Concept Map zum Thema Energie

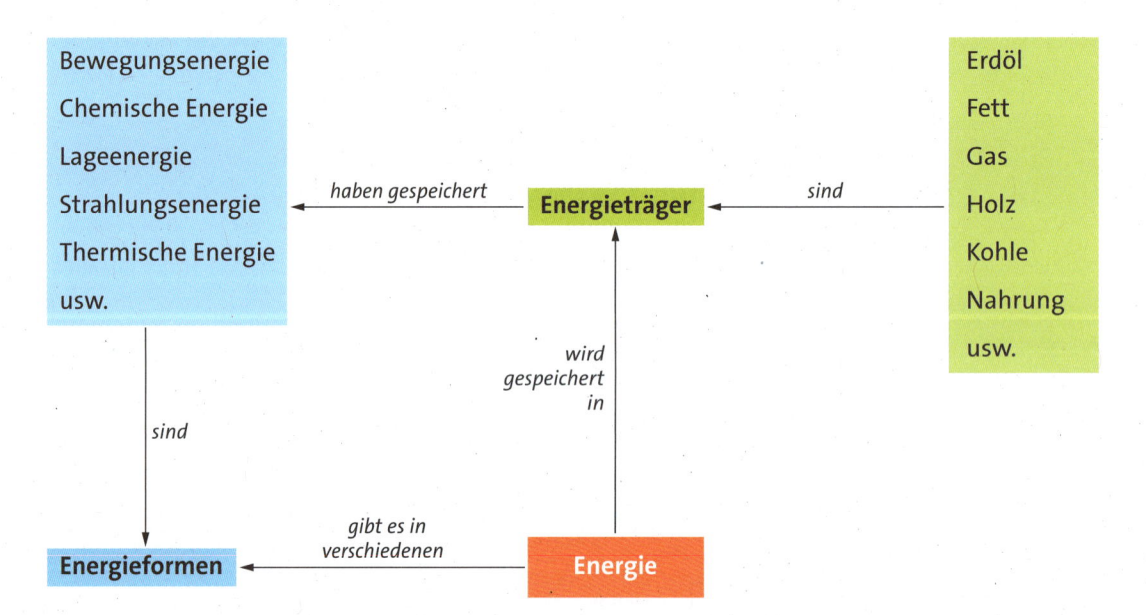

[Concept Map:
- Kasten links (blau): Bewegungsenergie, Chemische Energie, Lageenergie, Strahlungsenergie, Thermische Energie, usw.
- Kasten Mitte: Energieträger
- Kasten rechts (grün): Erdöl, Fett, Gas, Holz, Kohle, Nahrung, usw.
- Kasten unten links: Energieformen
- Kasten unten Mitte (orange): Energie
- Pfeile: "haben gespeichert" (von blau zu Energieträger), "sind" (von grün zu Energieträger), "wird gespeichert in" (von Energieträger nach unten zu Energie), "sind" (von blau nach Energieformen), "gibt es in verschiedenen" (von Energie zu Energieformen)]

Wirkungsdiagramm

Ein Wirkungsdiagramm verwendest du, wenn du dir einen Überblick über ein System verschaffen möchtest. Denn mit einem Wirkungsdiagramm kannst du gut zeigen, wie verschiedene Elemente eines Systems aufeinander wirken.

Suche zum System fünf bis zehn Elemente. Diese Elemente sollen die folgenden Kriterien erfüllen:
— Die Elemente sind wichtig für Veränderungen.
— Bei den Elementen handelt es sich um Nomen.
— Die Elemente verändern sich im Verlauf der Zeit: Sie werden grösser oder kleiner oder es werden mehr oder weniger davon.

TB 27 — MIT MODELLEN ARBEITEN

Stelle die Elemente in einem Kasten dar. Für die Zusammenhänge zeichnest du Pfeile. Die Pfeile starten immer bei der Ursache. Die Pfeilspitze zeigt auf das Element, bei dem sich die Wirkung zeigt.

Die Pfeile bezeichnest du mit einem der folgenden Zeichen:

➕ symbolisiert einen gleichgerichteten, verstärkenden Zusammenhang:
   Je mehr A, desto mehr B.
   Je weniger A, desto weniger B.

➖ symbolisiert einen gegensätzlichen, ausgleichenden Zusammenhang:
   Je mehr A, desto weniger B.
   Je weniger A, desto mehr B.

🟢 symbolisiert, dass es ein Optimum gibt:
   Wenn A optimal (also genau richtig) ist, gibt es am meisten B.
   Sowohl bei weniger als auch bei mehr A gibt es weniger B.

Beispiel für ein Wirkungsdiagramm zum Thema Rosskastanien und Motten

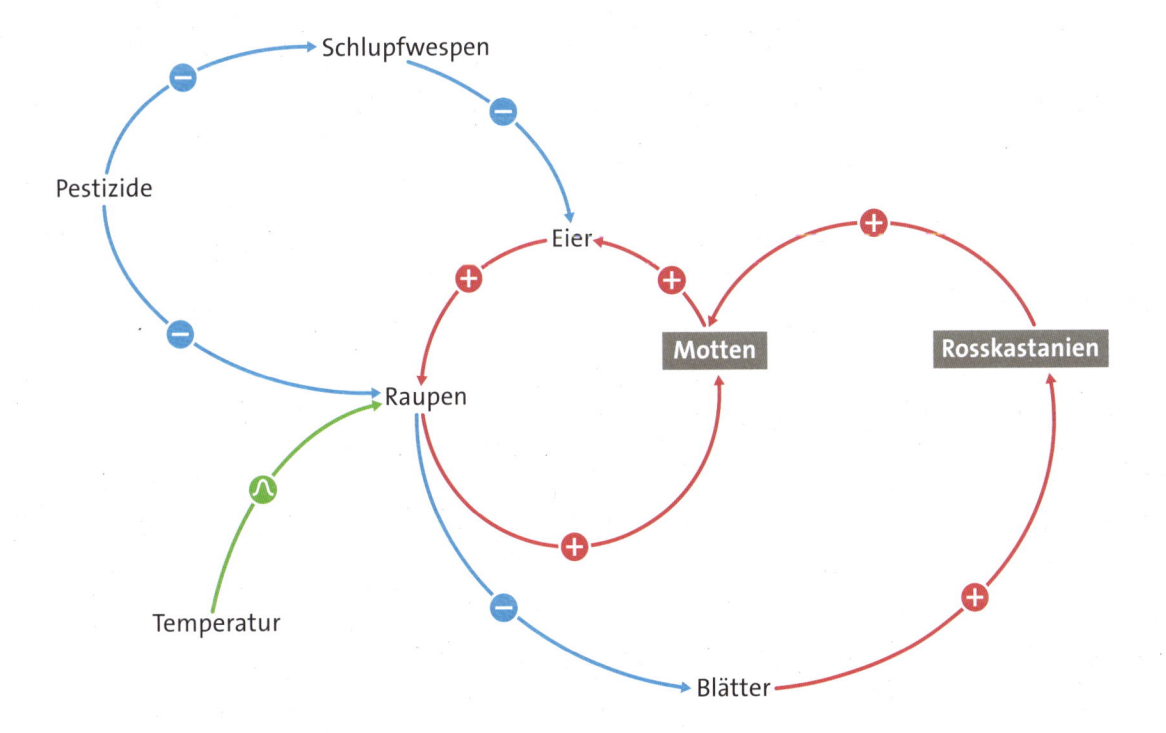

In diesem Wirkungsdiagramm kannst du zum Beispiel Folgendes ablesen:

➕ Je mehr Eier es gibt, desto mehr Raupen gibt es.
   Je mehr Rosskastanien es gibt, desto mehr Motten gibt es.

➖ Je mehr Pestizide es gibt, desto weniger Raupen gibt es.
   Je mehr Schlupfwespen es gibt, desto weniger Eier gibt es.

🟢 Bei einer optimalen Temperatur gibt es die meisten Raupen.

TB 28   ZUM NACHSCHLAGEN

Sicherheitshinweise: GHS-Symbole

Auf den Etiketten von Reinigungsmitteln im Haushalt, Treibstoffen an der Tankstelle, Baustoffen auf der Baustelle und insbesondere Chemikalien im Labor findest du häufig sogenannte **GHS-Symbole**. **GHS** steht für **G**lobally **H**armonized **S**ystem. Dieses internationale System dient weltweit dem Schutz von Mensch und Natur beim Handel und der Verwendung von Chemikalien. Sei vorsichtig im Umgang mit Stoffen, die eine oder mehrere solche Etiketten tragen!

Diese neun Symbole sind wichtig
Zusätzliche Informationen findest du auf der cheminfo-Internetseite des Bundesamts für Gesundheit BAG: www.cheminfo.ch

---

umweltgefährdend

Verhaltensanweisungen und Schutzmassnahmen
Freisetzung in die Umwelt vermeiden. Nicht in den Ausguss oder ins WC giessen.

Gefahrenbeschreibung
Kann Wasserorganismen wie Fische, Wasserinsekten und Wasserpflanzen in geringen Konzentrationen sofort oder durch Langzeitwirkung schädigen.

Produktbeispiele
– Schimmelentferner
– Schwimmbadchemikalien
– Motorenöl
– Insektengift

---

hochentzündlich

Verhaltensanweisungen und Schutzmassnahmen
Von Hitze, Funken, offenen Flammen und anderen Zündquellen fernhalten.

Gefahrenbeschreibung
Kann sich durch den Kontakt mit Flammen und Funken, durch Schläge, Reibung, Erhitzung, Luft- oder Wasserkontakt entzünden. Kann sich bei falscher Lagerung auch ohne Fremdeinwirkung selbst entzünden.

Produktbeispiele
– Benzin
– Grillanzünder
– Feuerzeug-Gas
– Haarspray

---

brandfördernd

Verhaltensanweisungen und Schutzmassnahmen
Nicht gemeinsam mit brennbaren Stoffen aufbewahren.

Gefahrenbeschreibung
Kann Brände verursachen oder beschleunigen. Setzt beim Brand Sauerstoff frei, lässt sich nur mit speziellen Mitteln löschen. Ein Ersticken der Flammen ist unmöglich.

Produktbeispiele
– Wasserstoffperoxid
– Bleichmittel

ätzend

Verhaltensanweisungen und Schutzmassnahmen
Schutzbrille und Handschuhe tragen.

Gefahrenbeschreibung
Kann schwere Hautverätzungen und Augenschäden verursachen. Kann bestimmte Materialien auflösen (z.B. Textilien). Ist schädlich für Menschen, Tiere, Pflanzen und organisches Material aller Art.

Produktbeispiele
– Backofenreiniger
– Entkalker
– Abflussreiniger

gefährlich

Verhaltensanweisungen und Schutzmassnahmen
Nicht einnehmen oder einatmen. Nicht berühren.

Gefahrenbeschreibung
Kann die Haut irritieren, Allergien oder Ekzeme auslösen oder Schläfrigkeit verursachen.
Kann nach einmaligem Kontakt Vergiftungen auslösen.
Kann die Ozonschicht schädigen.

Produktbeispiele
– Brennsprit (Ethanol)
– Benzin
– Tabs für Geschirrspüler

gesundheitsschädigend

Verhaltensanweisungen und Schutzmassnahmen
Nicht einnehmen oder einatmen. Nicht berühren.

Gefahrenbeschreibung
Kann bestimmte Organe schädigen. Kann zu sofortiger und langfristiger massiver Beeinträchtigung der Gesundheit führen. Kann Krebs erzeugen. Kann das Erbgut, die Fruchtbarkeit oder die Entwicklung schädigen. Kann bei Eindringen in die Atemwege tödlich sein.

Produktbeispiele
– Benzin
– Methanol
– Lacke
– Lampenöle

giftig

Verhaltensanweisungen und Schutzmassnahmen
Nicht einnehmen oder einatmen.

Gefahrenbeschreibung
Kann schon in kleinen Mengen zu schweren Vergiftungen und zum Tod führen.

Produktbeispiel
– Rattengift

Gas unter Druck

Verhaltensanweisungen und Schutzmassnahmen
Kühl oder im Schatten aufbewahren.

Gefahrenbeschreibung
Enthält komprimierte, verflüssigte oder gelöste Gase. Geruchlose oder unsichtbare Gase können unbemerkt entweichen. Behälter mit komprimierten Gasen können durch Hitze oder Verformung platzen.

Produktbeispiele
– Propan-Gasflasche beim Gartengrill
– CO_2-Flasche für Sodawasserherstellung

explosiv

Verhaltensanweisungen und Schutzmassnahmen
Vor Gebrauch besondere Anweisungen einholen.

Gefahrenbeschreibung
Kann durch Kontakt mit Flammen oder Funken, nach Schlägen, Reibung oder Erhitzung explodieren. Kann bei falscher Lagerung auch ohne Fremdeinwirkung explodieren.

Produktbeispiele
– Nitroglycerin
– Sprengstoff

Laborgeräte

Übersicht über häufig verwendete Glaswaren und Geräte

Reagenzglas	 Becherglas	 Erlenmeyerkolben	 Rundkolben
 Trichter	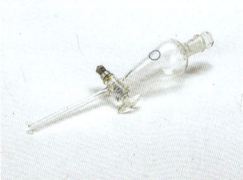 Scheidetrichter	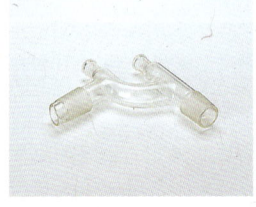 Destillieraufsatz	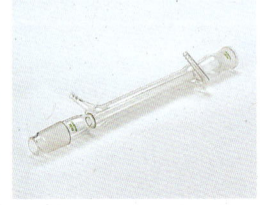 Liebigkühler	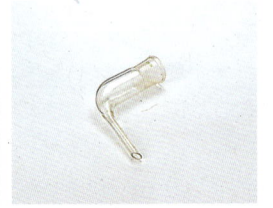 Destilliervorstoss
 Standzylinder	 Kristallisierschale	 Petrischale	 Uhrglasschale
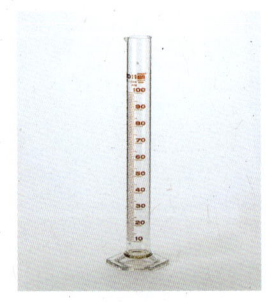 Messzylinder	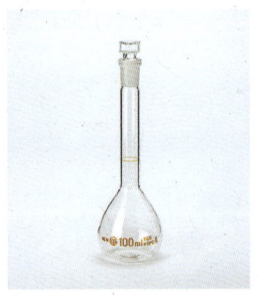 Messkolben	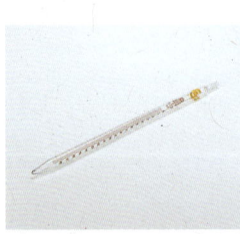 Messpipette	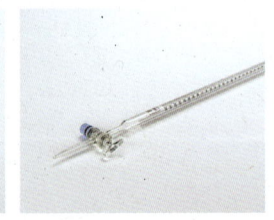 Bürette	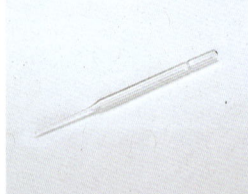 Pipette
 Gaswaschflasche	 Saugflasche	 Wasserstrahlpumpe	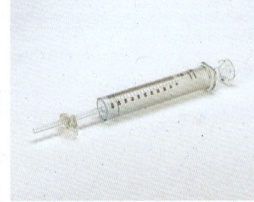 Kolbenprober	 Gummistopfen

TB 29 ZUM NACHSCHLAGEN

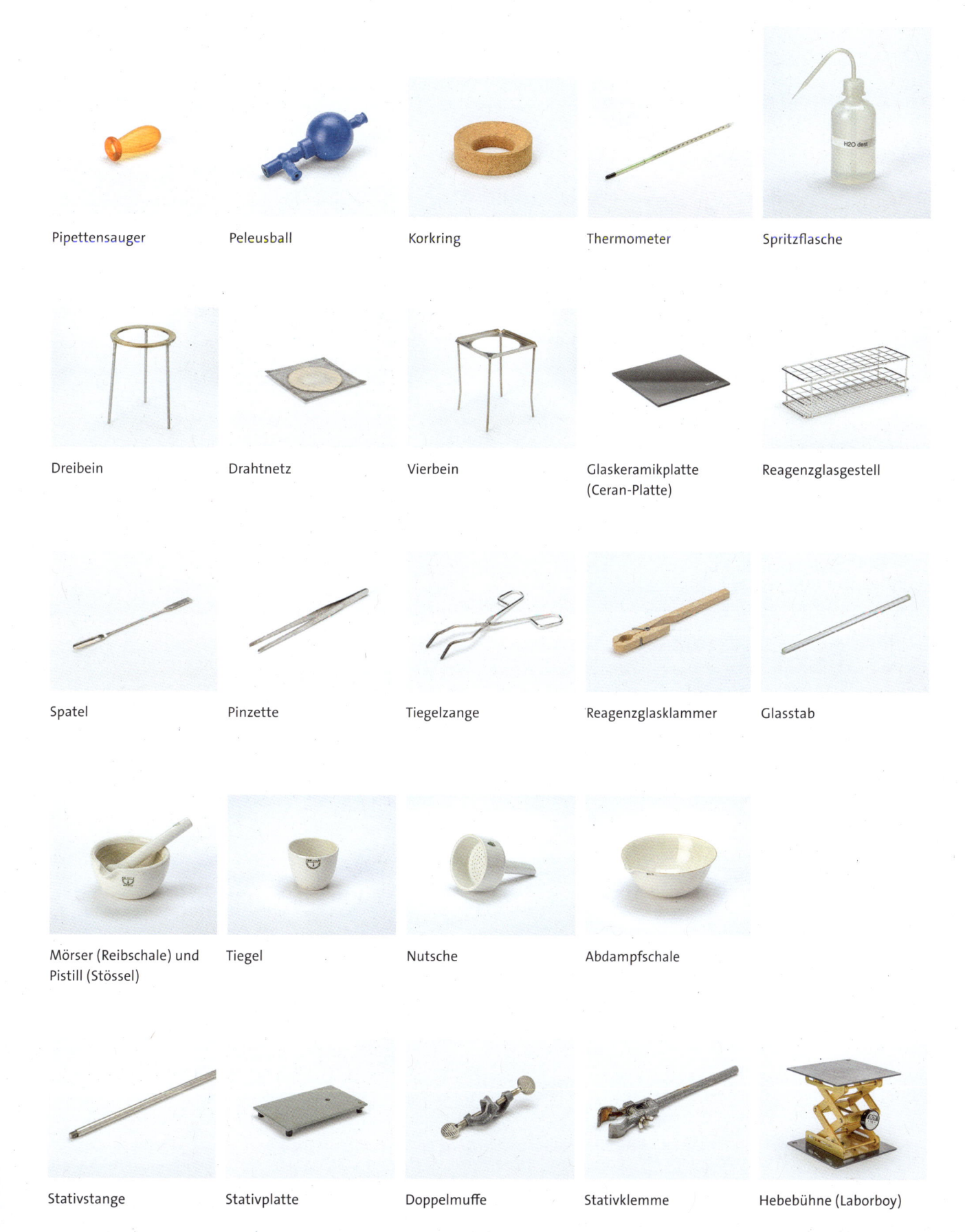

Pipettensauger	Peleusball	Korkring	Thermometer	Spritzflasche
Dreibein	Drahtnetz	Vierbein	Glaskeramikplatte (Ceran-Platte)	Reagenzglasgestell
Spatel	Pinzette	Tiegelzange	Reagenzglasklammer	Glasstab
Mörser (Reibschale) und Pistill (Stössel)	Tiegel	Nutsche	Abdampfschale	
Stativstange	Stativplatte	Doppelmuffe	Stativklemme	Hebebühne (Laborboy)

Das Periodensystem der Elemente (PSE)

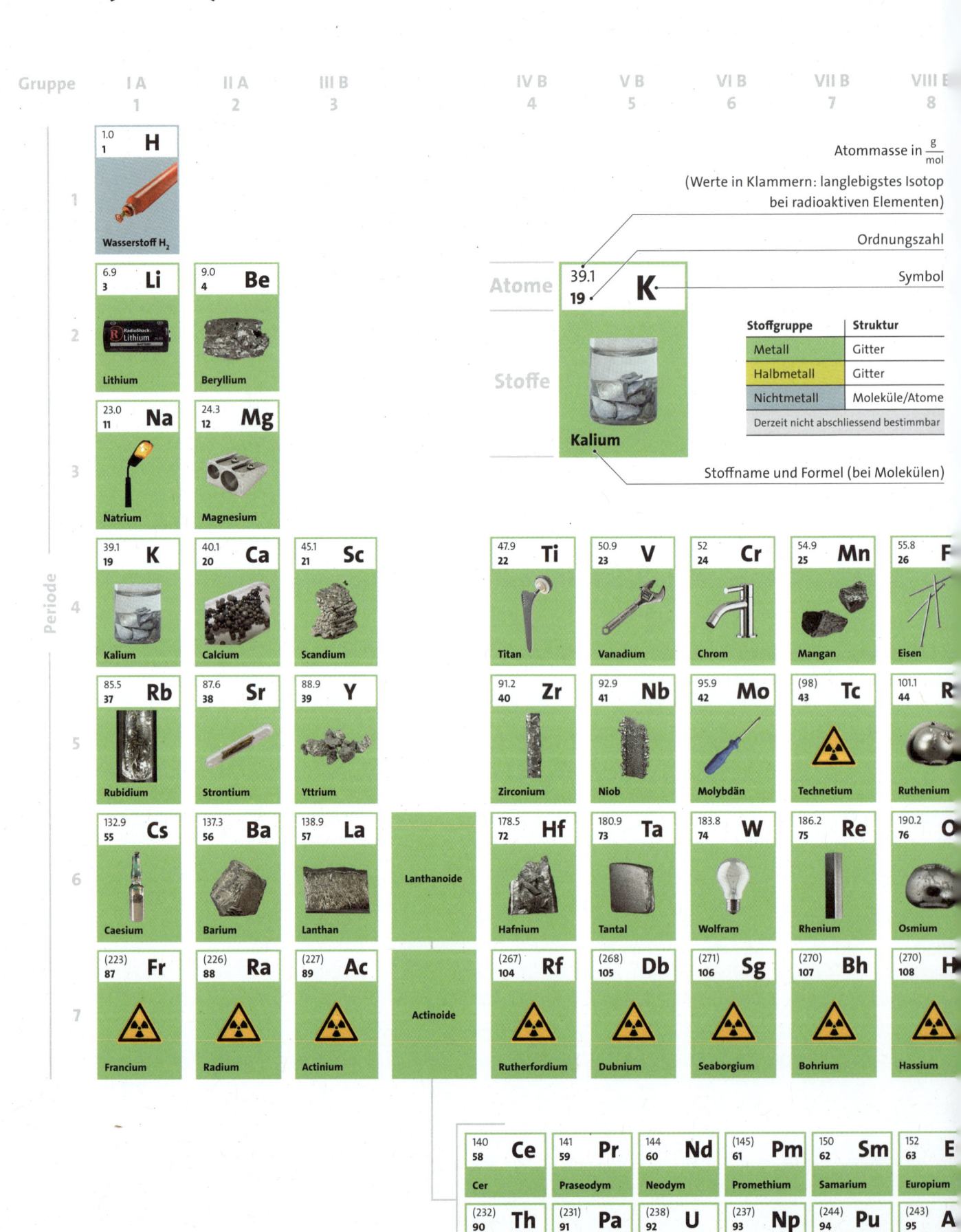

TB 30 — ZUM NACHSCHLAGEN

Gruppe	I A / 1	II A / 2	III B / 3	IV B / 4	V B / 5	VI B / 6	VII B / 7	VIII B / 8
Periode 1	1.0 / 1 **H** — Wasserstoff H₂							
2	6.9 / 3 **Li** Lithium	9.0 / 4 **Be** Beryllium						
3	23.0 / 11 **Na** Natrium	24.3 / 12 **Mg** Magnesium						
4	39.1 / 19 **K** Kalium	40.1 / 20 **Ca** Calcium	45.1 / 21 **Sc** Scandium	47.9 / 22 **Ti** Titan	50.9 / 23 **V** Vanadium	52 / 24 **Cr** Chrom	54.9 / 25 **Mn** Mangan	55.8 / 26 **F**(e) Eisen
5	85.5 / 37 **Rb** Rubidium	87.6 / 38 **Sr** Strontium	88.9 / 39 **Y** Yttrium	91.2 / 40 **Zr** Zirconium	92.9 / 41 **Nb** Niob	95.9 / 42 **Mo** Molybdän	(98) / 43 **Tc** Technetium	101.1 / 44 **R**(u) Ruthenium
6	132.9 / 55 **Cs** Caesium	137.3 / 56 **Ba** Barium	138.9 / 57 **La** Lanthan (Lanthanoide)	178.5 / 72 **Hf** Hafnium	180.9 / 73 **Ta** Tantal	183.8 / 74 **W** Wolfram	186.2 / 75 **Re** Rhenium	190.2 / 76 **O**(s) Osmium
7	(223) / 87 **Fr** Francium	(226) / 88 **Ra** Radium	(227) / 89 **Ac** Actinium (Actinoide)	(267) / 104 **Rf** Rutherfordium	(268) / 105 **Db** Dubnium	(271) / 106 **Sg** Seaborgium	(270) / 107 **Bh** Bohrium	(270) / 108 **H**(s) Hassium

Legende (Beispiel K):
- Atommasse in g/mol (Werte in Klammern: langlebigstes Isotop bei radioaktiven Elementen)
- Ordnungszahl
- Symbol
- Stoffname und Formel (bei Molekülen): Kalium

Stoffgruppe	Struktur
Metall	Gitter
Halbmetall	Gitter
Nichtmetall	Moleküle/Atome
Derzeit nicht abschliessend bestimmbar	

Lanthanoide:

| 140 / 58 **Ce** Cer | 141 / 59 **Pr** Praseodym | 144 / 60 **Nd** Neodym | (145) / 61 **Pm** Promethium | 150 / 62 **Sm** Samarium | 152 / 63 **E**(u) Europium |

Actinoide:

| (232) / 90 **Th** Thorium | (231) / 91 **Pa** Protactinium | (238) / 92 **U** Uran | (237) / 93 **Np** Neptunium | (244) / 94 **Pu** Plutonium | (243) / 95 **A**(m) Americium |

TB 30 ZUM NACHSCHLAGEN

VIII B 9	VIII B 10	I B 11	II B 12	III A 13	IV A 14	V A 15	VI A 16	VII A 17	VIII A 18
									4.0 / 2 **He** Helium
				10.8 / 5 **B** Bor	12.0 / 6 **C** Kohlenstoff	14.0 / 7 **N** Stickstoff N_2	16.0 / 8 **O** Sauerstoff O_3	19.0 / 9 **F** Fluor F_2	20.2 / 10 **Ne** Neon
				27.0 / 13 **Al** Aluminium	28.1 / 14 **Si** Silicium	31.0 / 15 **P** Phosphor P_4	32.1 / 16 **S** Schwefel S_8	35.5 / 17 **Cl** Chlor Cl_2	39.9 / 18 **Ar** Argon
Co alt	58.7 / 28 **Ni** Nickel	63.5 / 29 **Cu** Kupfer	65.4 / 30 **Zn** Zink	69.7 / 31 **Ga** Gallium	72.6 / 32 **Ge** Germanium	74.9 / 33 **As** Arsen	79.0 / 34 **Se** Selen Se_8	79.9 / 35 **Br** Brom Br_2	83.8 / 36 **Kr** Krypton
Rh odium	106.4 / 46 **Pd** Palladium	107.9 / 47 **Ag** Silber	112.4 / 48 **Cd** Cadmium	114.8 / 49 **In** Indium	118.7 / 50 **Sn** Zinn	121.8 / 51 **Sb** Antimon	127.6 / 52 **Te** Tellur	126.9 / 53 **I** Iod I_2	131.3 / 54 **Xe** Xenon
Ir ium	195.1 / 78 **Pt** Platin	197.0 / 79 **Au** Gold	200.6 / 80 **Hg** Quecksilber	204.4 / 81 **Tl** Thallium	207.2 / 82 **Pb** Blei	209.0 / 83 **Bi** Bismut	(209.0) / 84 **Po** Polonium	(210.0) / 85 **At** Astat	(222) / 86 **Rn** Radon
Mt eitnerium	(281) / 110 **Ds** Darmstadtium	(282) / 111 **Rg** Roentgenium	(285) / 112 **Cn** Copernicium	(286) / 113 **Nh** Nihonium	(289) / 114 **Fl** Flerovium	(290) / 115 **Mc** Moscovium	(293) / 116 **Lv** Livermorium	(294) / 117 **Ts** Teness	(294) / 118 **Og** Oganesson

Gd adolinium	159 / 65 **Tb** Terbium	163 / 66 **Dy** Dysprosium	165 / 67 **Ho** Holmium	167 / 68 **Er** Erbium	169 / 69 **Tm** Thulium	173 / 70 **Yb** Ytterbium	175 / 71 **Lu** Lutetium
(247) **Cm** rium	(247) / 97 **Bk** Berkelium	(251) / 98 **Cf** Californium	(252) / 99 **Es** Einsteinium	(257) / 100 **Fm** Fermium	(258) / 101 **Md** Mendelevium	(261) / 102 **No** Nobelium	(266) / 103 **Lr** Lawrencium

Grössen und Einheiten

ZUM NACHSCHLAGEN

In dieser Tabelle findest du alle wichtigen naturwissenschaftlichen Basisgrössen und ihre Einheiten.

Name	Formelzeichen	Name der Einheit	Einheit	Weitere Einheiten
Weg Länge Höhe	s l h	Meter	m	km (Kilometer) cm (Zentimeter) mm (Millimeter)
Zeit	t	Sekunde	s	min (Minute) h (Stunde) d (Tag)
Masse	m	Kilogramm	kg	g (Gramm) mg (Milligramm) µg (Mikrogramm)
Stromstärke	I	Ampere	A	mA (Milliampere)
Temperatur	T	Kelvin Grad Celsius	K °C	
Stoffmenge	n	Mol	mol	

TB 31 — ZUM NACHSCHLAGEN

In dieser Tabelle findest du weitere wichtige Grössen und ihre Einheiten.

Name	Formelzeichen	Gleichung	Name der Einheit	Einheit	Weitere Einheiten	Weitere Informationen
Flächeninhalt (eines Rechtecks mit den Seitenlängen a und b)	A	$A = a \cdot b$	Quadratmeter	m^2	ha (Hektar)	$1\,ha = 10\,000\,m^2$
Volumen (eines Quaders mit den Kantenlängen a, b und c)	V	$V = a \cdot b \cdot c$	Kubikmeter	m^3	l (Liter)	$1\,l = 1\,dm^3 = \frac{1}{1000}\,m^3$
Frequenz (einer Schwingungsdauer T)	f	$f = \frac{1}{T}$	Hertz	Hz		$1\,Hz = \frac{1}{s}$
Geschwindigkeit	v	$v = \frac{s}{t}$	Meter pro Sekunde	$\frac{m}{s}$	$\frac{km}{h}$ (Kilometer pro Stunde)	$1\,\frac{m}{s} = 3.6\,\frac{km}{h}$
					kn (Knoten)	$1\,kn = 1.85\,\frac{km}{h}$
Beschleunigung	a	$a = \frac{v}{t}$	Meter pro Sekunde im Quadrat	$\frac{m}{s^2}$		
Kraft / **Gewichtskraft**	F / F_G	$F = m \cdot a$ / $F_G = m \cdot g$	Newton	N		Erdbeschleunigung $g = 9.81\,\frac{m}{s^2}$
Arbeit / **Hubarbeit** / **Elektrische Arbeit**	W / W_{Hub} / W_{el}	$W_{Hub} = m \cdot g \cdot h$ / $W_{el} = U \cdot I \cdot t$	Joule	J	Nm (Newtonmeter), Ws (Wattsekunde)	$1\,J = 1\,Nm = 1\,Ws$
Dichte	ρ (rho)	$\rho = \frac{m}{V}$	Kilogramm pro Kubikmeter	$\frac{kg}{m^3}$	$\frac{g}{cm^3}$ (Gramm pro Kubikzentimeter)	$1\,\frac{g}{cm^3} = 1000\,\frac{kg}{m^3}$
Elektrische Ladung	Q	$Q = I \cdot t$	Coulomb	C	As (Amperesekunde)	$1\,C = 1\,As$
Elektrische Spannung	U	$U = \frac{W_{el}}{Q}$	Volt	V		
Elektrischer Widerstand	R	$R = \frac{U}{I}$	Ohm	Ω		$1\,\Omega = 1\,\frac{V}{A}$
Leistung	P	$P = \frac{W}{t}$	Watt	W		$1\,PS = 735.49875\,W$
Energie / **Lageenergie** / **Bewegungsenergie** / **Elektrische Energie**	E	$E_{Lage} = m \cdot g \cdot h$ / $E_{Bew} = \frac{1}{2} m \cdot v^2$ / $E_{el} = U \cdot Q$	Joule	J	kJ (Kilojoule), kcal (Kilokalorien)	$1\,kcal = 4.1868\,kJ$
Kapazität	C	$C = \frac{Q}{U}$	Farad	F		$1\,F = 1\,\frac{C}{V}$
Radioaktivität	A		Becquerel	Bq	Kernzerfälle pro Sekunde	$1\,Bq = \frac{1}{s}$
Äquivalentdosis	H		Sievert	Sv	$\frac{J}{kg}$ (Joule pro Kilogramm)	$1\,Sv = 1\,\frac{J}{kg}$

ZUM NACHSCHLAGEN

Grössenordnungen I

Für die Angabe einer naturwissenschaftlichen Grösse sind immer eine Zahl und eine Einheit nötig. Nur mit beiden Angaben kann man erkennen, wie gross oder klein eine Grösse ist. Zum Beispiel wiegt eine Packung Mehl 1 kg oder 1000 g.

Bei der Auswahl der Einheit musst du zwei Punkte beachten:
- Die Einheit muss zur Grösse passen. Zum Beispiel ist es ein Liter (1 l) Milch, nicht ein Kilogramm (1 kg) Milch.
- Die Grösse der Einheit muss passen. Zum Beispiel ist es sinnvoll, den Durchmesser eines Tischtennisballs in Zentimetern und nicht in Kilometern anzugeben (4 cm statt 0.00004 km).

Vorsilben für Einheiten

Um verschiedene Grössenordnungen besser darstellen zu können, können die Einheiten verschiedene Vorsilben haben. Die Tabelle zeigt dir einige dieser Vorsilben und die Dezimalzahl, für welche die Vorsilbe steht.

Vorsilbe	Abkürzung	Dezimalzahl	Name der Zahl	Beispiel	
Tera	T	1 000 000 000 000	Billion	TB (Terabyte)	1 TB = 1 000 000 000 000 B
Giga	G	1 000 000 000	Milliarde	GHz (Gigahertz)	1 GHz = 1 000 000 000 Hz
Mega	M	1 000 000	Million	MW (Megawatt)	1 MW = 1 000 000 W
Kilo	k	1000	Tausend	kJ (Kilojoule)	1 kJ = 1000 J
Hekto	h	100	Hundert	hl (Hektoliter)	1 hl = 100 l
Deka	da	10	Zehn	dag (Dekagramm)	1 dag = 10 g
Dezi	d	0.1	Zehntel	dl (Deziliter)	1 dl = 0.1 l
Zenti	c	0.01	Hundertstel	cm (Zentimeter)	1 cm = 0.01 m
Milli	m	0.001	Tausendstel	ms (Millisekunde)	1 ms = 0.001 s
Mikro	μ	0.000 001	Millionstel	μm (Mikrometer)	1 μm = 0.000 001 m
Nano	n	0.000 000 001	Milliardstel	nm (Nanometer)	1 nm = 0.000 000 001 m
Piko	p	0.000 000 000 001	Billionstel	pm (Pikometer)	1 pm = 0.000 000 000 001 pm

Umrechnen von Masseinheiten

Um naturwissenschaftliche Grössen sinnvoll angeben zu können, musst du sie manchmal umrechnen. Als Regel gilt: Wenn die Einheiten grösser werden, werden die Zahlen kleiner. Und umgekehrt. Wenn du zum Beispiel von Kilogramm (kg) in Gramm (g) umrechnest, wird der Zahlenwert grösser: 5 kg = 5000 g. Wenn du zum Beispiel von Milliampere (mA) in Ampere (A) umrechnest, wird der Zahlenwert kleiner: 200 mA = 0.2 A.
Konkret geht das so:

Umrechnen von Wegen

Umrechnen von Wegen

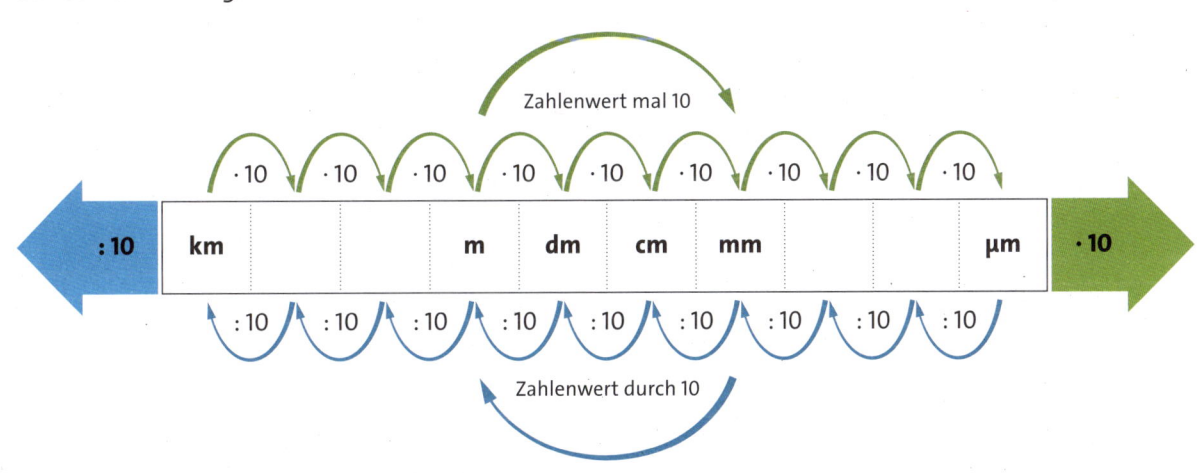

Beispiele
7.2 km = 7 200 m = 72 000 dm = 720 000 cm = 7 200 000 mm = 7 200 000 000 µm
3 540 µm = 3.54 m m = 0.354 cm = 0.0354 dm = 0.00354 m = 0.00000354 km
0.004 m = 4 mm = 4000 µm = 4 000 000 nm = 4 000 000 000 pm

Umrechnen von Flächen

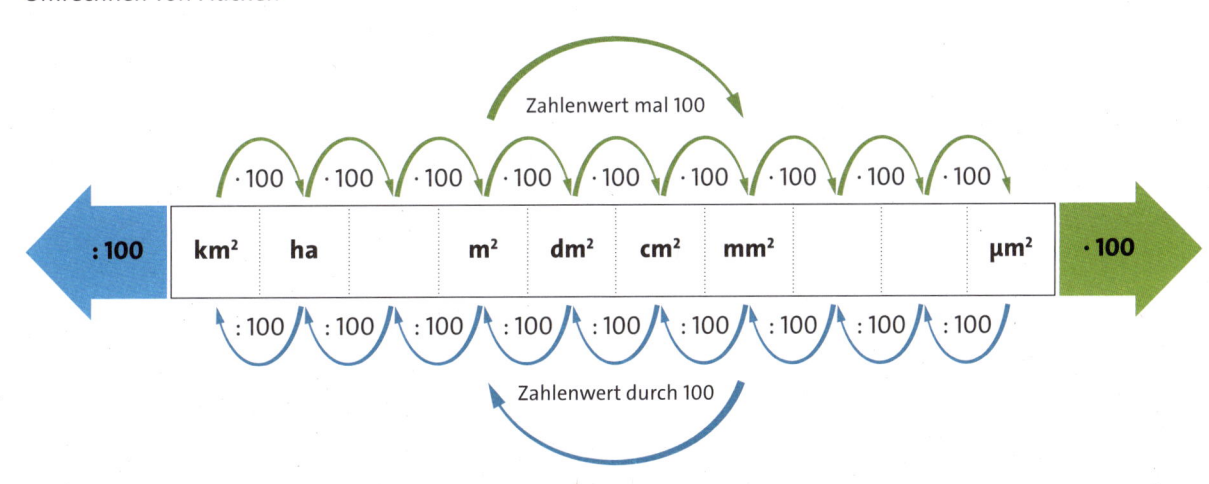

Beispiele
2.4 km² = 240 ha = 2 400 000 m² = 240 000 000 dm² = 24 000 000 000 cm² = 2 400 000 000 000 mm²
4500 mm² = 45 cm² = 0.45 dm² = 0.0045 m² = 0.00000045 ha = 0.0000000045 km²

TB 32 — ZUM NACHSCHLAGEN

Umrechnen von Volumen

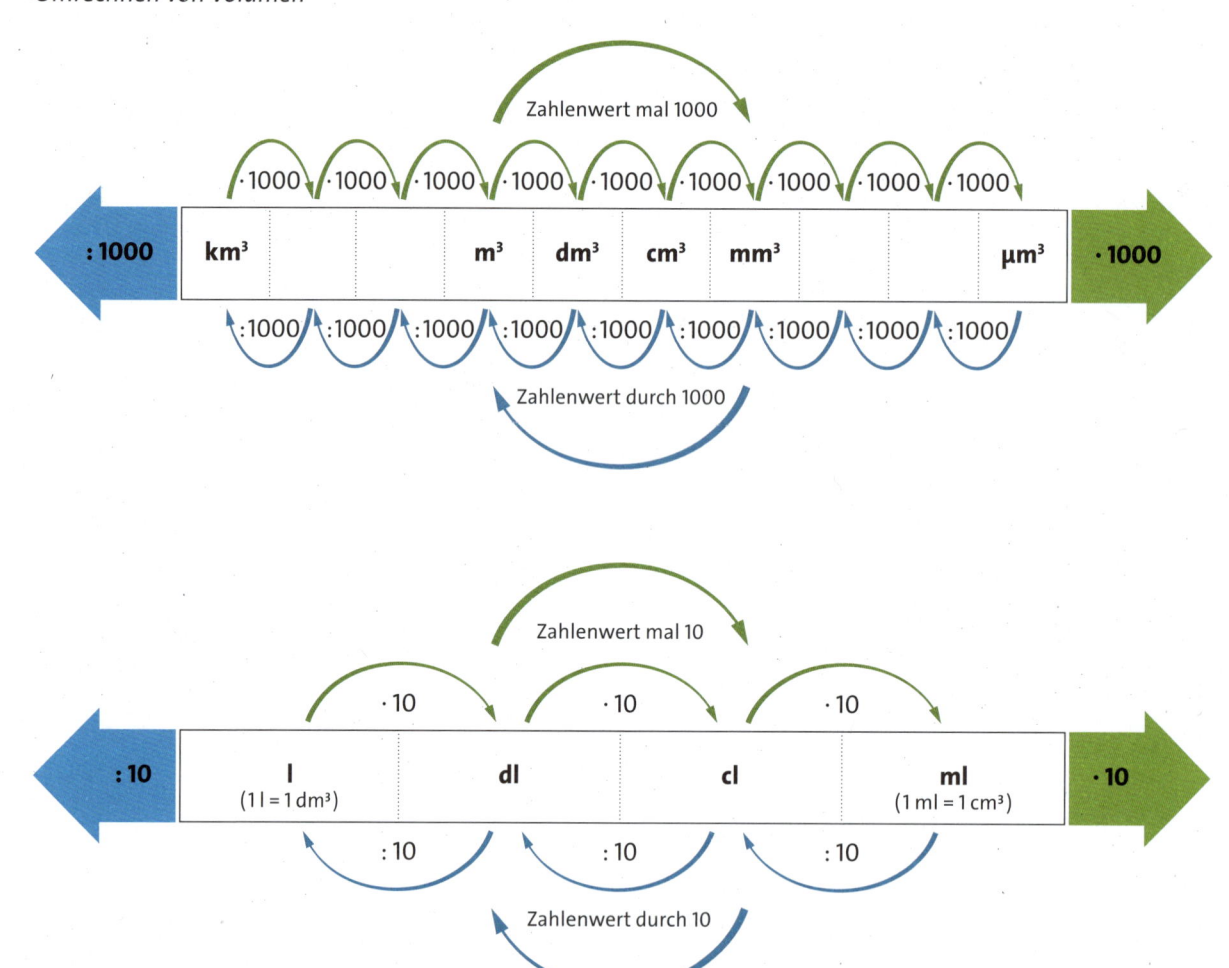

| : 1000 | km³ | | | m³ | dm³ | cm³ | mm³ | | | µm³ | · 1000 |

Oben: Zahlenwert mal 1000 (·1000 pro Schritt)
Unten: Zahlenwert durch 1000 (:1000 pro Schritt)

| : 10 | l (1 l = 1 dm³) | dl | cl | ml (1 ml = 1 cm³) | · 10 |

Oben: Zahlenwert mal 10 (·10 pro Schritt)
Unten: Zahlenwert durch 10 (:10 pro Schritt)

Beispiele

2.5 km³ = 2 500 000 000 m³ = 2 500 000 000 000 dm³ = 2 500 000 000 000 000 cm³

8750 mm³ = 8.75 cm³ = 0.008 75 dm³ = 0.000 008 75 m³ = 0.000 000 000 000 008 75 km³

3.4 l = 3.4 dm³ = 3400 cm³ = 3 400 000 mm³

1.2 dm³ = 1.2 l = 12 dl = 120 cl = 1200 ml = 1200 cm³

ZUM NACHSCHLAGEN

Umrechnen von Zeiten

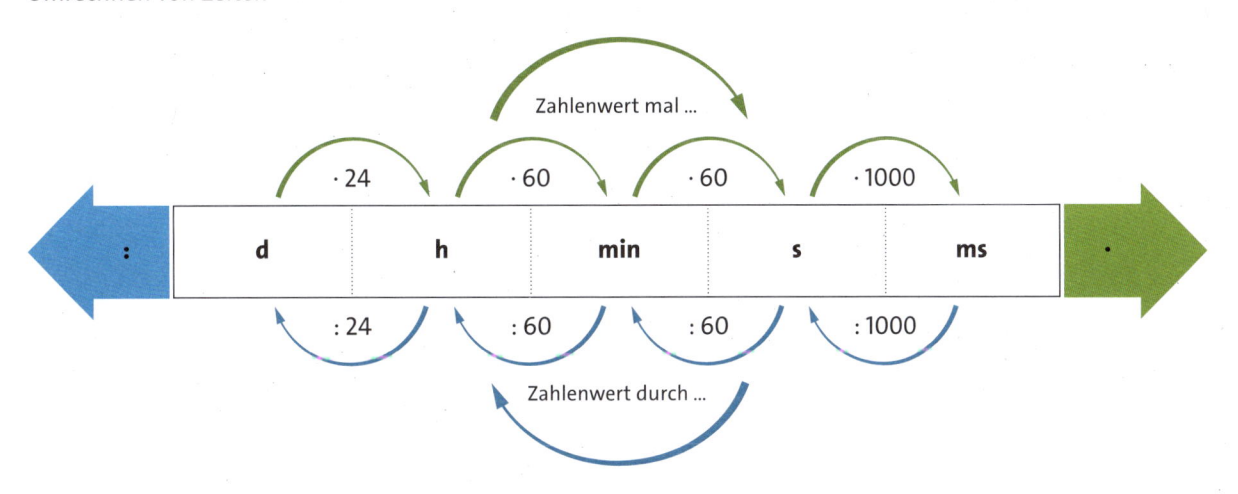

```
         Zahlenwert mal ...
    ·24    ·60    ·60    ·1000
:  |  d  |  h  |  min  |  s  |  ms  |  ·
    :24    :60    :60    :1000
         Zahlenwert durch ...
```

Beispiele

3 d = 72 h = 4320 min = 259 200 s = 259 200 000 ms
129 600 000 ms = 129 600 s = 2160 min = 36 h = 1.5 d

Umrechnen von Geschwindigkeiten

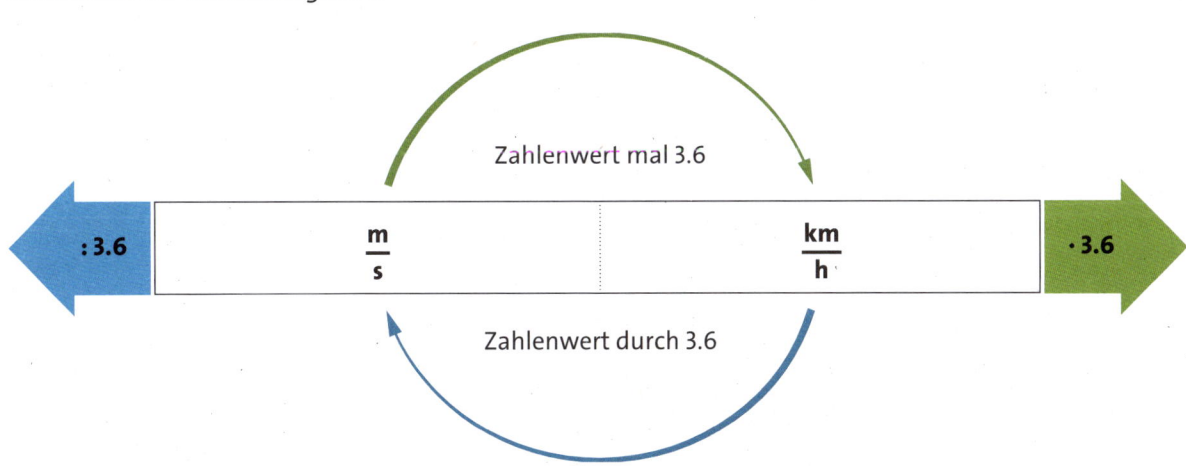

```
        Zahlenwert mal 3.6
:3.6  |   m/s   |   km/h   |  ·3.6
        Zahlenwert durch 3.6
```

Beispiele

$3.6 \, \frac{km}{h} = 1 \, \frac{m}{s}$ (ausführliche Rechnung: $3.6 \, \frac{km}{h} = \frac{3.6 \, km}{1 \, h} = \frac{3600 \, m}{3600 \, s} = 1 \, \frac{m}{s}$)

$24 \, \frac{m}{s} = 86.4 \, \frac{km}{h}$ (ausführliche Rechnung: $24 \, \frac{m}{s} = \frac{24 \, m}{1 \, s} = \frac{3600 \cdot 24 \, m}{3600 \cdot 1 \, s} = \frac{3600 \cdot 0.024 \, km}{1 \, h} = 86.4 \, \frac{km}{h}$)

TB 33 ZUM NACHSCHLAGEN

Grössenordnungen II

In ►**TB 32 Grössenordnungen I** hast du bereits die Umrechnungen von verschiedenen Einheiten kennen gelernt. Hier sind einige Beispiele von Längenangaben dargestellt. Beachte, dass es immer ungefähre Werte sind. So kann ein durchschnittliches Haar beispielsweise einen Durchmesser von 0.1 mm haben, dies muss aber nicht immer so sein.

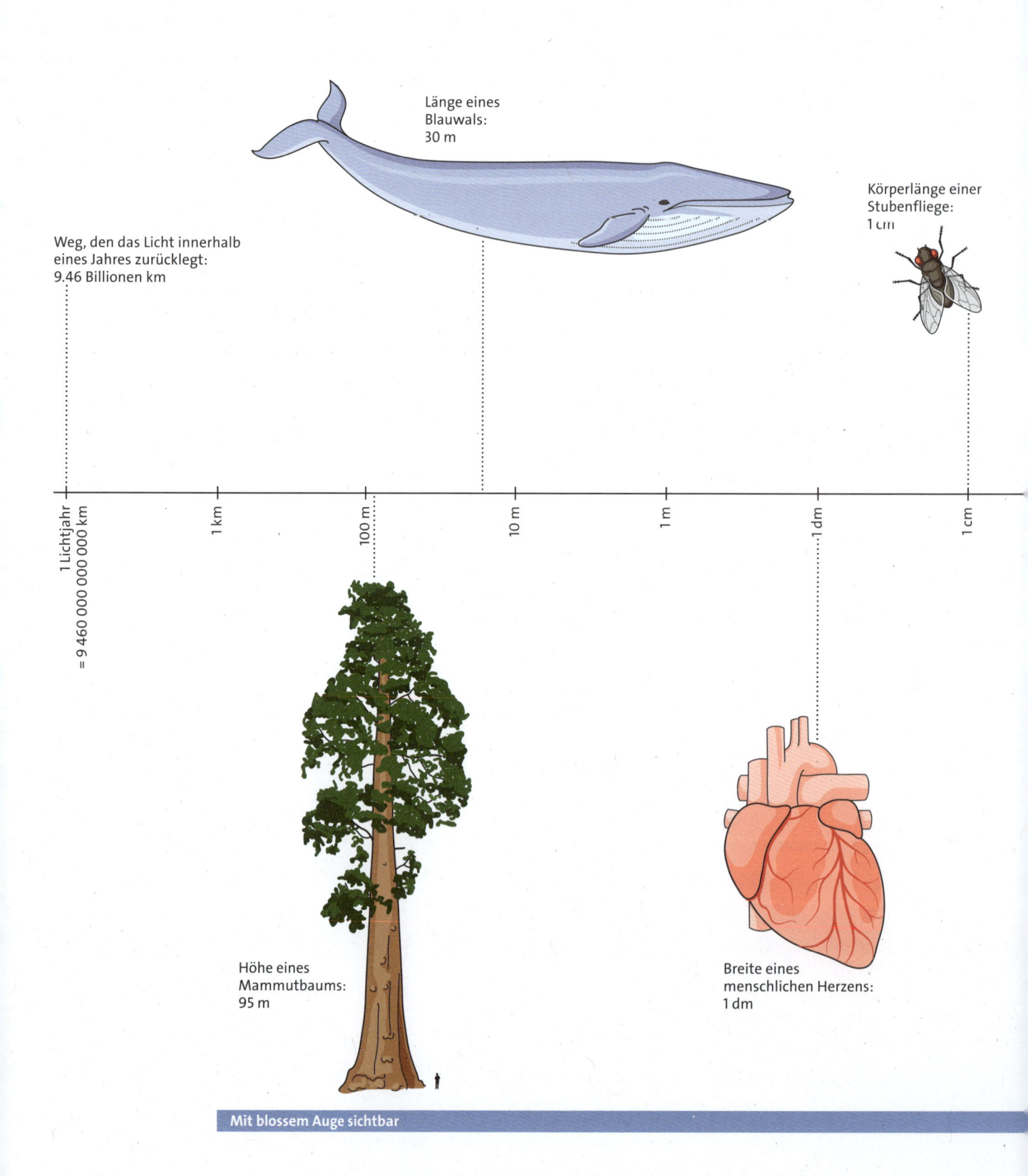

Länge eines Blauwals: 30 m

Körperlänge einer Stubenfliege: 1 cm

Weg, den das Licht innerhalb eines Jahres zurücklegt: 9.46 Billionen km

1 Lichtjahr = 9 460 000 000 000 km | 1 km | 100 m | 10 m | 1 m | 1 dm | 1 cm

Höhe eines Mammutbaums: 95 m

Breite eines menschlichen Herzens: 1 dm

Mit blossem Auge sichtbar

TB 33 ZUM NACHSCHLAGEN

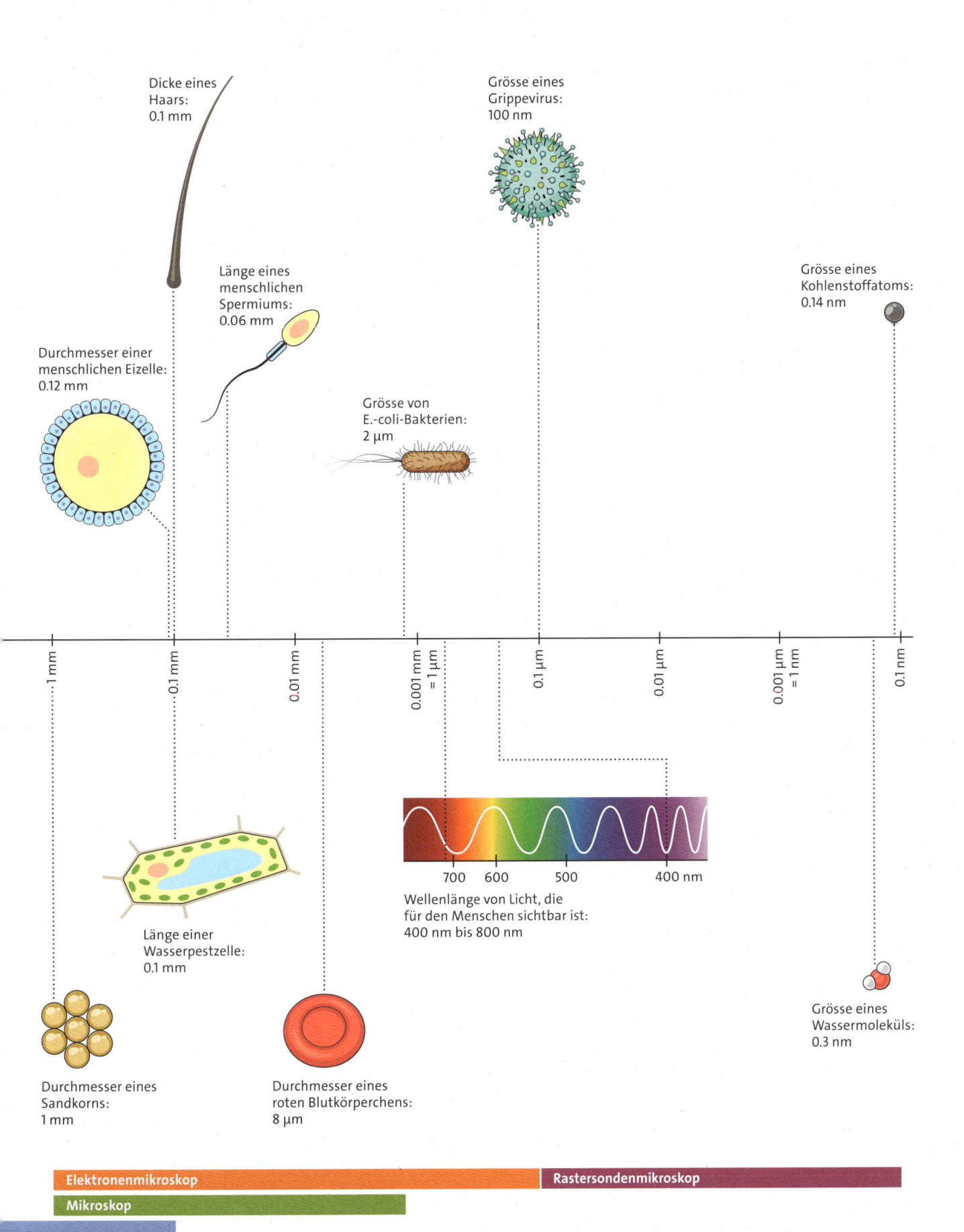

Dicke eines Haars: 0.1 mm

Grösse eines Grippevirus: 100 nm

Länge eines menschlichen Spermiums: 0.06 mm

Grösse eines Kohlenstoffatoms: 0.14 nm

Durchmesser einer menschlichen Eizelle: 0.12 mm

Grösse von E.-coli-Bakterien: 2 µm

— 1 mm — 0.1 mm — 0.01 mm — 0.001 mm = 1 µm — 0.1 µm — 0.01 µm — 0.001 µm = 1 nm — 0.1 nm

700 600 500 400 nm

Wellenlänge von Licht, die für den Menschen sichtbar ist: 400 nm bis 800 nm

Länge einer Wasserpestzelle: 0.1 mm

Grösse eines Wassermoleküls: 0.3 nm

Durchmesser eines Sandkorns: 1 mm

Durchmesser eines roten Blutkörperchens: 8 µm

Elektronenmikroskop

Rastersondenmikroskop

Mikroskop

Elektrische Schaltsymbole und Schaltpläne

Von elektrischen Schaltungen kann man Pläne zeichnen. Solche Pläne nennt man **Schaltpläne**. Schaltpläne sind übersichtlicher als eine normale Zeichnung. In Schaltplänen verwendet man für die verschiedenen Teile bestimmte Symbole. Diese Symbole sind auf der ganzen Welt mehr oder weniger gleich. Ein Schaltplan kann so von vielen Menschen auf der ganzen Welt gelesen werden. In Bild 1 siehst du einen einfachen Stromkreis als Foto (a), als Zeichnung (b) und als Schaltplan (c).

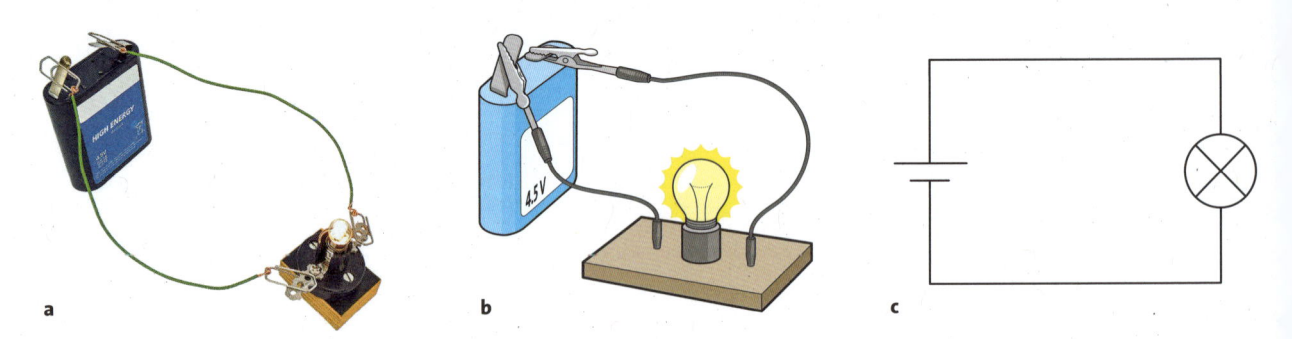

Bild 1 Ein einfacher Stromkreis mit Batterie, Leiter und Glühlampe als Foto (a), als Zeichnung (b) und als Schaltplan (c).

Für fast jedes elektrische Teil gibt es ein Symbol. Die wichtigsten Symbole siehst du im Folgenden.

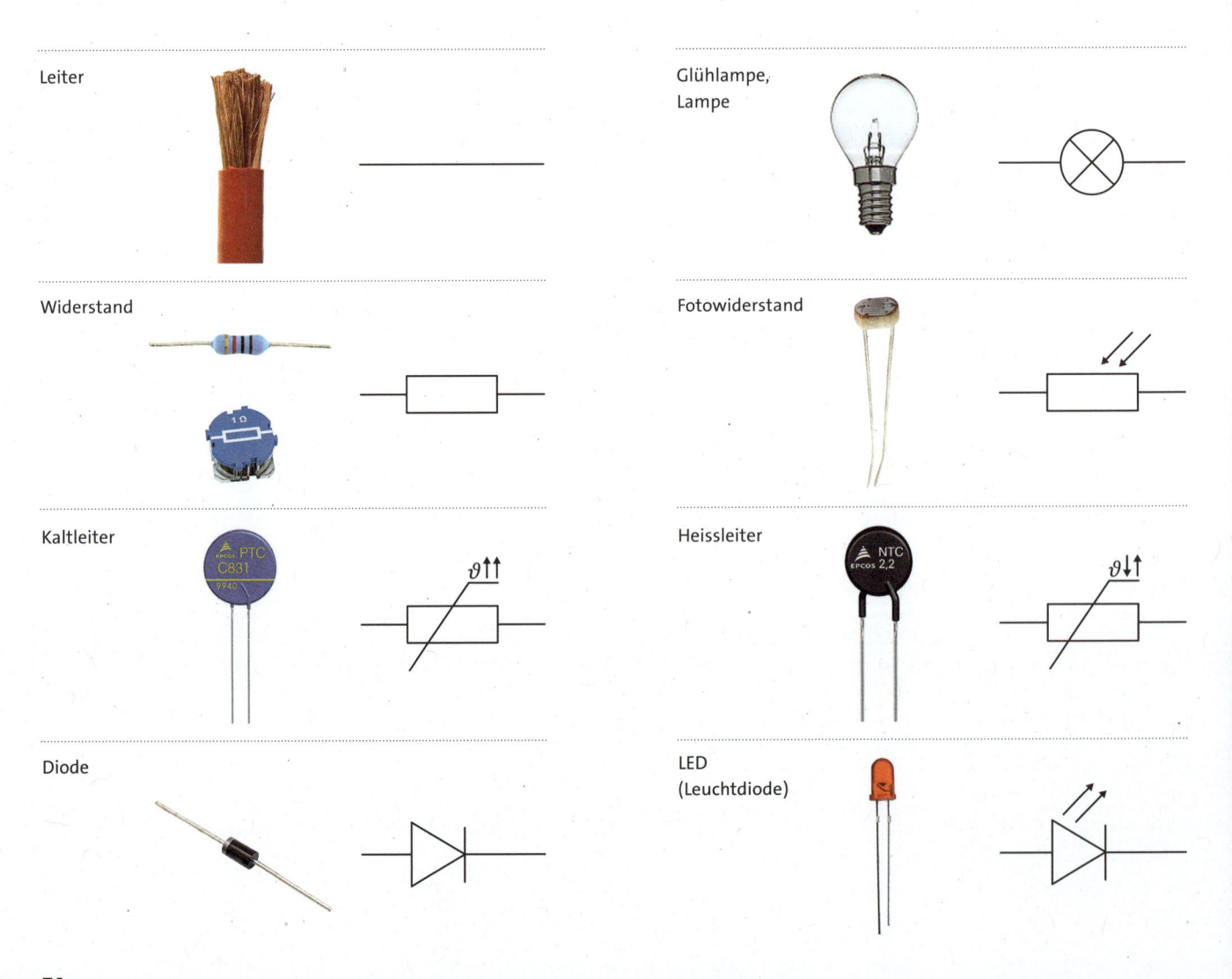

Leiter	Glühlampe, Lampe
Widerstand	Fotowiderstand
Kaltleiter	Heissleiter
Diode	LED (Leuchtdiode)

TB 34   ZUM NACHSCHLAGEN

Schalter	Taster
Reedkontakt	Relais
Transistor PNP	Transistor NPN
Netzgerät	Batterie, Akku
Kondensator	Voltmeter
Amperemeter	Ohmmeter
Spule	Elektromotor

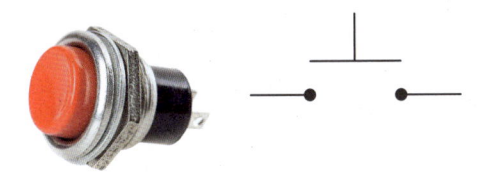

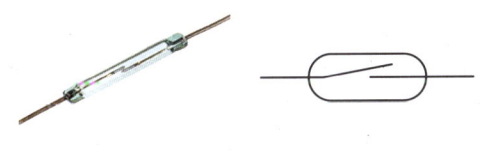

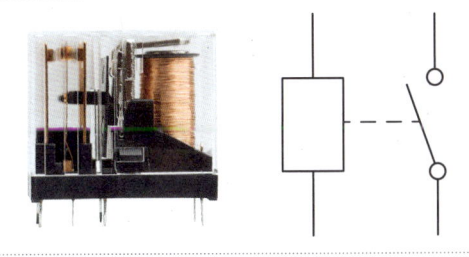

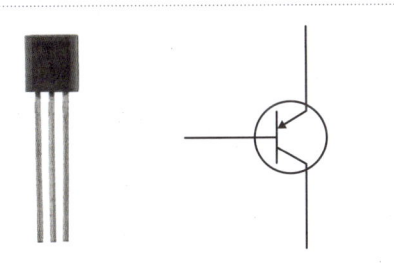

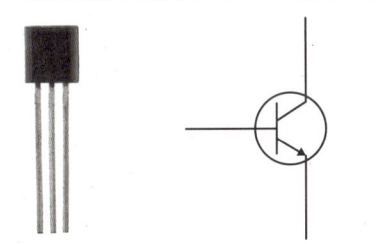

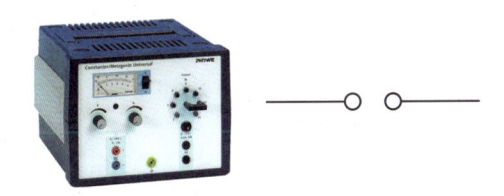

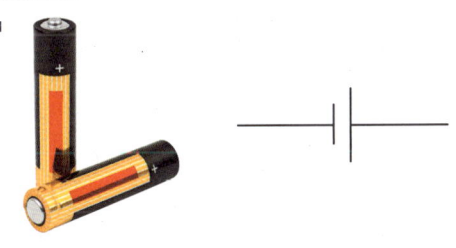

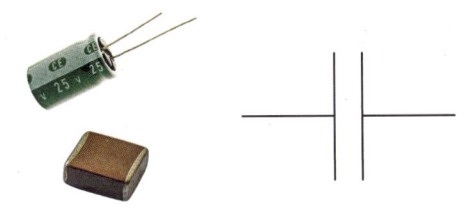

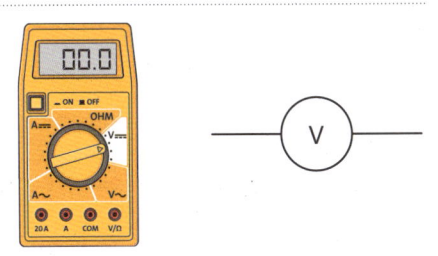

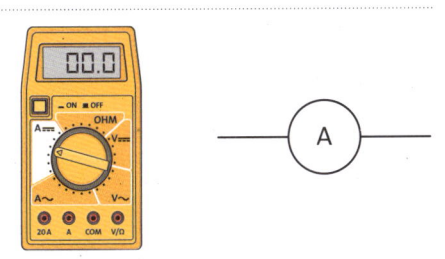

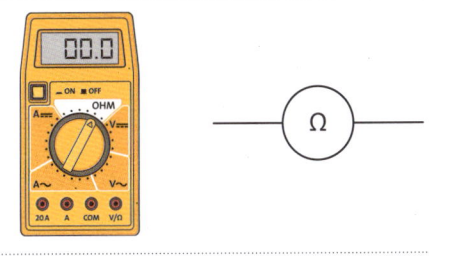

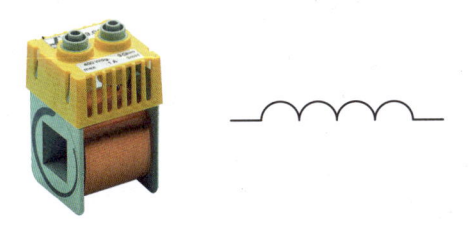

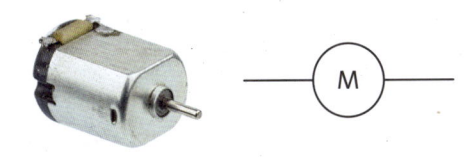

TOOLBOX

Quellennachweis

Textnachweis

TB 23 Einen Text lesen
Lindauer T., Schmellentin C., Beerenwinkel A., Hefti C., Furger J. (2013): Fachlernen und Sprache: Sprachbewusst unterrichten – Eine Unterrichtshilfe für den Fachunterricht. Bildungsraum Nordwestschweiz.

Bildnachweis

Einbandvorderseite
Tabelle Luftblasenversuch: Robel Berhorn

Einbandrückseite
Zeichnung Zwiebelzellen: Dominic Petrusic

Seite

20 Massband © Molnia/iStock; Messschraube © prill/iStock; Messschieber © industrieblick/Fotolia; Laser-Entfernungsmesser © Robert Bosch AG; Doppelmeter © goir/iStock; Messrad © PRILL Mediendesign/Fotolia; Stoppuhr, mechanisch © koya979/Fotolia; Stoppuhr, digital © mbbirdy/iStock; Smartphone © valio84sl/iStock; Armbanduhr © Bombay_foto/Fotolia; Sanduhr © electriceye/Fotolia; Sonnenuhr © Elfstrom/iStock

21 Küchenwaage © DonNichols/iStock; Balkenwaage © TwilightShow/iStock; Federwaage, Taschenwaage © Simon A. Eugster/Wikimedia Commons; Präzisionswaage © Andreas Eggenberger/Lehrmittelverlag Zürich; Flüssigkeitsthermometer, Digitalthermometer © PHYWE-Systeme GmbH & Co. KG Göttingen; Bimetallthermometer © borissos/iStock; Thermofühler © ra3rn/iStock; Thermobildkamera © Bestgreenscreen/iStock; Galileo-Thermometer © euthymia/Fotolia

49 Gelber Marienkäfer © francok35/pixabay

54 Modell Kniegelenk © PHSG Pädagogische Hochschule St. Gallen

60/61 Warnhinweise © UNECE United Nations Economic Commission for Europe/Wikimedia Commons/GHS pictograms

62 Reagenzglas, Becherglas, Erlenmeyerkolben, Rundkolben, Trichter, Scheidetrichter, Destillieraufsatz, Liebigkühler, Destilliervorstoss, Standzylinder, Kristallisierschale, Petrischale, Uhrglasschale, Messzylinder, Messkolben, Messpipette, Bürette, Pipette, Gaswaschflasche, Saugflasche, Wasserstrahlpumpe, Kolbenprober, Gummistopfen © Andreas Eggenberger/Lehrmittelverlag Zürich

63 Pipettensauger, Peleusball, Korkring, Thermometer, Spritzflasche, Dreibein, Drahtnetz, Vierbein, Glaskeramikplatte, Reagenzglasgestell, Spatel, Pinzette, Tiegelzange, Reagenzglasklammer, Glasstab, Mörser und Pistill, Tiegel, Nutsche, Abdampfschale, Stativstange, Stativplatte, Doppelmuffe, Stativklemme, Hebebühne © Andreas Eggenberger/Lehrmittelverlag Zürich

64 Gasflaschen, Bleistift © Andreas Eggenberger; Beryllium, Calcium, Scandium, Rubidium, Zirkonium, Columbit, Ruthenium, Barium, Lanthanum, Hafnium, Tantalum, Rhenium, Osmium, Bor © Theodore Gray, periodictable.com; Kalium, Mangan, Strontium © Wilco Oelen; Lithiumbatterie © jfmdesign/iStock; Strassenlaterne © David Gee/Alamy; Spitzer © Panther Media GmbH/Alamy; künstliches Hüftgelenk © Jochen Tack/Alamy; Schraubenschlüssel © tuja66/Alamy; Wasserhahn © John_Kasawa/iStock; Eisennägel © Floortje/iStock; Yttrium © Björn Wylezich/Alamy; Schraubenzieher © deepblue4you/iStock; Symbol Radioaktiv © Pi-Lens/iStock; Caesium © Phil Degginger/Alamy; Glühbirne © BlackJack3D/iStock; Diamant © ProArtWork/iStock

65 Weltkugel © HOORAY!/Alamy; Gasflaschen, Zündholzschachtel, Schwefel, Cobalt, Münzen, Kupferdraht, Gallium, Jod, Quecksilber © Andreas Eggenberger/Lehrmittelverlag Zürich; Schokoladentafel © Tarzhanova/iStock; Solarpanel © Panther Media GmbH/Alamy; Phosphor, Selen rot © Wilco Oelen; Giesskanne © mihalec/iStock; Germanium, Antimon, Tellur © Björn Wylezich/Alamy; Arsen © AndreasKermann/iStock; Selen grau, Indium-Draht, Thallium © Theodore Gray, periodictable.com; Brom © Phil Degginger/Alamy; Mundspiegel © andrewmedina/iStock; Katalysator © mipan/iStock; Silberringe © deliormanli/iStock; Cadmium © Susan E. Degginger/Alamy; Zinnbecher © Nadiya Teslyuk/Alamy; Lötkolben und Lötzinn © Panther Media GmbH/Alamy; Füllfederhalter © Dina Trifonova/Alamy; Münze © John Muggenborg/Alamy; Goldringe © sommail/iStock; Bleibatterie © David J. Green - electrical/Alamy; Bismut © Kerrick/iStock

74 Stromkreis, Leiter © citadelle/123RF; Glühbirne, Widerstand unten © PHYWE Systeme GmbH & Co. KG Göttingen; Widerstand, oben © Thanawut Phuannguluam/123RF; Fotowiderstand © Nevit Dilmen/Wikimedia Commons/CC-BY-SA-3.0; Kaltleiter, Heissleiter © 2018/TDK München; Diode © Jirawat Jerdjamrat/Alamy; Leuchtdiode © pioneer111/iStock

75 Schalter, Taster © Dmytro Skorobogatov/123RF; Reedkontakt © David J. Green - technology/Alamy; Relais © Konstantin Markov/123RF; Transistor PNP, Transistor NPN © pioneer111/iStock; Netzgerät, Spule © PHYWE Systeme GmbH & Co. KG Göttingen; Batterien © Tatiana Popova/123RF; Kondensator, oben © stu49/Alamy; Kondensator, unten © Bogdan Ionescu/123RF; Elektromotor © Tevarak Phanduang/Alamy